KB210372

행복한 삶과 죽음의 지혜

죽음수업

죽음 수업

행복한 삶과 죽음의 지혜

김영로 편저

민족사

사랑의 메시지

세월호 침몰 희생자들의 유가족들과 친척들, 친구들, 생존자들,
그리고 자식 잃은 모든 부모님들에게 드리는……

무지에서 비롯된 탐욕과 어리석음 – 이것이 수많은 너무도 고귀한 사람들의 목숨을 빼앗아 갔습니다. 이런 무지는 실재하는 것은 아무것도 없다는 궁극적인 진리와 – 선업은 기쁨을, 악업은 고통을 가져온다는 인과의 법칙 – 을 모르는 것을 말합니다. 이 무지가 우리들의 모든 고통의 원천이므로 이것이 우리들의 근본적인 적이지, 이것 외에 밖에는 적이 없습니다.

우리들이 이번 참사의 책임자들로 여기는 분들은 무지와 탐욕, 어리석음의 희생자들일 뿐입니다. 우린 이런 희생자가 되지 말아야 합니다. 내부의 적을 우리들의 마음속으로부터 없애지 않는 한 이런 일과 고통은 계속되게 마련이므로 근본적인 해결책은 우리들의 마음속, 참된 지혜와 사랑에서 찾아야 합니다.

필자도 2010년에 아들을 잃었습니다. 아직도 때때로 눈물이 나지만 대신에 저는 많은 것을 얻게 되었습니다. 저는 아들을 제게 큰 사랑을 가르쳐 주신 귀한 스승님으로 가슴 속에 모시기로 했습니

다. 또한 세상 모든 중생들을 소중한 제 가족, 제 어머니와 아버지, 형제와 자매, 아들과 딸로 여기게 되었습니다. 이제 모든 분들의 죽음은 제 아들의 죽음으로, 또한 저 자신의 죽음으로 다가옵니다.

그동안 원수라 생각했던 모든 분들을 용서해 주시고 잃은 가족을 사랑했던 그 마음보다 더욱더 큰마음으로 모든 중생들을 가슴속에 품으십시오. 긴 안목으로 보면 세상에 우리들의 가족이 아닌 중생은 아무도 없습니다. 금생의 우리들의 가족은 우리들의 전체 가족의 일부일 뿐입니다. 모든 생명체는 우리들의 가족입니다.

죽음은 거친 몸과 마음의 소멸일 뿐, 우리들의 매우 섬세한 몸과 마음은 죽지 않으며 여러 생 동안 계속됩니다. 그러다가 우리가 완전한 깨달음을 얻으면 그것은 부처님의 몸과 마음이 된답니다. 그때까지 계속되는 다시 태어나는 과정에서 우리는 잃은 가족을 다시 만날 수 있으나 그들이 누구인지 못 알아볼 뿐입니다. 지혜의 눈으로 보면 우리들에게 일어나는 모든 일은 우리들을 돕기 위한 것입니다. 모든 생명체는 사랑의 공동체 가족입니다. 이제 이 모든 가족에 대한 무한한 사랑 속에서 한없는 마음의 평화와 행복 얻으소서! 사랑하는 모든 가족들이시여! 더욱더 아름다운 지혜와 사랑의 꽃으로 모두모두 다시 피어나소서!

우리들의 귀한 아드님들과 따님들, 선생님들과 이웃들은 이제 모두 좋은 곳으로 가셨을 겁니다. 온 세상이 그들을 위해 기도해 왔고, 필자도 한 번은 문경 한산사에서 빠드마쌈바와 전통의 귀한 티베트 스승인 아남 툽텐 린뽀체(Anam Thubten Rinpoche)를 모시고, 또 한 번은 저희 선원에서 금강승 법사님을 모시고, 그들의 극락왕생을 위한 기도를 했습니다.

이제 우리가 할 수 있는 최선은 다시는 이런 어처구니없는 일이 일어나지 않도록 안전하고 살기 좋은 사회를 밑바탕부터 다시 건설하는 것입니다. 동시에 모든 고통의 근원인 무지와 탐욕에서 벗어나기 위해 참된 지혜와 사랑을 기르기 위한 마음공부도 함께 해 나가는 것입니다. 이것이 어쩔 수 없이 우리 곁을 떠나가신 분들이 우리들에게 남겨준 역사적인 임무입니다. 이 뜻 깊은 일에 우리 국민 모두가 동참하길 기원합니다.

아찰라 김영로 합장

2014년 봄

사랑하는 것은 인간적이네.
아픔을 느끼는 것도 인간적이네.
허나 아픔을 느끼면서도 그래도
사랑하는 건 오롯이 천사라네.
–루미(Rumi)

머리말

자비로우신 스승님들이시여, 저의 모든 것이
참회와 기도, 감사와 사랑이게 하옵소서!

필자의 둘째 아들은 떠나갔습니다. 2010년 11월, 만 39세 생일을 한 달 반 앞두고. 대학시절을 보냈던 춘천의 어느 작은 산에서. 저에게는 간접적으로 마지막 구조 신호를 보냈지만 이 무심한 아비는 그걸 알아차리지 못했습니다. 그는 친구들과 마지막 작별의식을 치르고 나서 자기 49재에 와달라는 부탁까지 했다는데 그들도 그의 진심을 파악하지 못했나 봅니다. 우린 모두 자기 세계 안에 갇혀 있습니다. 참회를 저의 주요수행으로 삼아 무시이래 지금까지 제가 저질러온 모든 악업을 씻게 해 주소서!

지금도 가끔 눈물이 나지만 두 가지 귀한 인연이 제게는 위안이 됩니다. 하나는 그가 마지막으로 육신을 태울 때 100분의 부처님들의 진언(만뜨라)의 가피를 받았다는 것이고 또 하나는 저의 스승님 덕분에 그가 좋은 곳으로 가게 되었다는 것입니다. 깊은 불연佛緣에 감읍할 뿐입니다.

이런 인연은 만나기 쉽지 않습니다. 그러므로 우리는 각자 죽은 뒤에 나쁜 곳으로 떨어지지 않도록 최선을 다해 악업을 피하고 선업을 쌓아나가야 합니다. 수행자들은 자기 목숨을 잃는 위험을 무릅쓰고라도 나쁜 짓을 하지 말라는 교육을 받습니다. 나쁜 업은 우리들을 동물이나 아귀, 최악의 경우에는 지옥중생으로 태어나게 만들 수 있기 때문입니다. 행복으로 가는 길은 선업과 다르마(dharma) 공부뿐입니다!

제가 지금까지 공부해 온 귀한 가르침들의 정수를 담은 이 책이 빛을 볼 수 있게 된 것은 도서출판 민족사 윤재승 대표님과 사기순 주간님 덕분입니다. 주간님은 거의 1년 동안 제가 이 원고를 다듬고 또 다시 다듬을 수 있도록 이끌어 주셨습니다. 필자는 글을 쓰기 시작한 뒤 처음으로 편집자의 존재 가치를 실감했습니다. 전생에 필자의 귀한 스승님이었을 것 같은 두 분에게 깊이 감사드립니다.

이 책은 필자 자신의 수행과 죽음을 위한 길잡이이기도 하지만, 온갖 질병이나 어려움으로 고통 받는 분들에게 많은 도움이 되길 두 손 모아 빕니다. 아무리 억울하고 괴로워도 모두 참된 사랑, 조건 없는 순수한 사랑 속에 머무소서! 이것 외에 다른 힐링(healing, 치유)과 행복으로 가는 길은 없습니다.

오, 자비로운 스승님들이시여, 제가 겪은 아픔을 통해 이제 제가 모든 고통 받는 분들의 치유사가 되게 해 주소서!

아찰라 김영로 합장

2014년 5월

당신을 무진장한 소리의 낙원으로 안내합니다.

지금부터 이 책을 공부하거나 명상 등을 할 때
좋아하는 만뜨라(mantra)를 '유투브(YouTube)'를 통해
틀어놓고 공부해 보세요.
그러면 진언眞言 소리의 가피와 문자 지혜의 가피라는
이중의 축복을 받을 수 있습니다.

건강이 안 좋은 분들은 약사여래 진언(Medicine Buddha
Mantra)이나 화이트 따라 진언(White Tara Mantra)을
들으시면 마음은 물론 몸도 좋아질 것입니다.

같은 진언이라도 염송하거나 노래한 분에 따라 분위기가
많이 다르므로 자기 마음이 가장 많이 끌리는, 자기와
깊은 인연이 있는 것을 만나면 감동은 더욱더 커집니다.

위의 두 진언 외에 '옴 마니 반메 훔(Om Mani Padme Hum)'이나
따라 진언(Tara Mantra)으로 시작해 보세요.

이 책을 가장 유익하게 이용하는 방법

이 책에는 귀한 가르침들이 많이 들어 있어서 일부만 공부해도 많은 혜택을 얻을 수 있을 것입니다. 이것은 하루 밤 사이에 읽고 버리는 책이 아니라 일생 동안 두고두고 공부하고 수행해야 할 귀중한 가르침의 보물창고입니다. 더 많이 아는 것이 중요한 게 아니라 조금이라도 더 마음이 평온해지고 행복해지는 것이 중요합니다. 진짜 중요한 것은 실천이라는 말씀입니다.

이 책은 인연 따라 마음이 끌리는 부분만 골라서 공부해도 됩니다!

■ 〔핵심교의〕를 먼저 보시면 이 책의 윤곽을 잡는 데 도움을 얻을 수 있습니다. 바쁘신 분들은 〔핵심교의〕 중에서 골라 공부하십시오.

한 번에 한두 페이지만 읽고 나서 생각하고 또 생각해 보십시오. 기쁨과 감사의 눈물이 날 때까지, 때로는 한없이 말입니다! 이런 눈물은 주어진 가르침과의 깊은 인연에서 나오는 것이므로 많이 흘릴수록 좋습니다.

■ 죽음에 대한 준비가 급한 분들은 〔죽음준비자료〕라고 표시된 페이지와 4장과 6장만 공부하시면 됩니다. 이것은 남녀노소 누구에게나 필수공부입니다.

■ 5장은 이 책에서 가장 중요하면서도 어려우므로 처음 읽으실 때는 몇 군데만 이해할 수 있어도 성공적인 출발이라고 볼 수 있습니다. 핵심용어를 파악하고 꾸준히 사유思惟하다 보면 머지 않아 모든 게 쉽게 느껴지는 때가 올 것입니다. 소중한 가족 독자들 모두에게 행운을 빕니다!

■ 어려운 용어에 대해 걱정하지 않아도 됩니다. 읽어나가시면 저절로 알게 되거나 필요한 설명을 만날 수 있습니다.

이 귀한 가르침들을 만난 인연으로 모두들 더욱더 건강하고 행복하소서!

아찰라 김영로 합장

마음에 유익한 말

평화롭고 길들여진 마음은 부처님의 가르침을
들었다는 징표라네.
번뇌의 감소는 진정한 수행의 징표라네.
유연한 마음, 모든 중생들에 대한 열린 가슴은
진정한 수행자의 징표라네.
고요한 마음은 진정한 깨달음의 징표라네.

마음은 부처님의 가르침의 원천이라네.
그대의 마음을 길들이면, 그대는 수행자네.
그대가 진정한 수행자라면, 그대의 마음은
길들여져 있네.
그대의 마음이 길들여져 있다면,
이것이 해탈이라네.

– 두좀 린뽀체(Dudjom Rinpoche)

차례

1
깨달음과 행복 자원

2
우리의 세계의 특징

3
마음 확장 행복 확장

4
기본적인 죽음 공부

5
해방의 진리와 논리

6
죽음과
재탄생의 과정

모든 일에서 가장 중요한 부분은 시작입니다!

그대가 길에서 걷기 시작하면, 길이 나타나요.

—루미(Rumi)

1
깨달음과 행복 자원

지혜의 눈으로 보면 모든 것이 깨달음의 자원이요, 행복 자원!

〔평생수행자료〕

깊고 깊은 지혜의 안목과 넓고 넓은 사랑의 가슴으로 보면 우리들에게 나타나는 것은 모두 우리들을 더 높은 깨달음과 더 큰 행복으로 인도하는 소중한 스승입니다. 그뿐만 아니라 무엇보다 귀중한 자원입니다. 마음을 행복한 상태에 유지하면 마음에 여유가 생기므로 모든 사태에 지혜롭게 대처할 수 있습니다.

> 뭐든 우리들에게 일어나는 것은
> 우리들을 돕기 위해서입니다.
>
> –출처 미상

지금부터 당신이 겪는 모든 것을 행복 자원으로 삼아보세요. 그러면 당신에게는 더 이상 고통이나 불행이 존재하지 않게 됩니다. 행복한 사람에게는 모든 것이 가능하니 행복보다 더 큰 자원은 없습니다.

좋은 일은 우리들의 행복을 늘리게 도와주고, 나쁜 일은 불행의 씨앗인 우리들이 지은 악업에 대한 빚을 갚게 하여 불행을 줄이게 도와줍니다.

> 성공이 행복의 열쇠가 아닙니다. 행복이 성공의 열쇠입니다. (왜냐하면) 당신이 하는 일을 사랑하면, 당신은 성공할 것이기 때문입니다.
>
> −앨버트 슈바이처

행복 만뜨라(mantra): 긍정적인 사고

> 우린 자라서 더 늙어지는 게 아니고, 더 성숙해지는 겁니다.
>
> −파블로 피카소(Pablo Picasso)

성공 만뜨라: 더 좋게 실패하라!

> 실패하고, 또 실패하고, 더 좋게 실패하세요!
> (Fail, fail again, fail better!)
>
> −사무엘 베케트(Samuel Becket)

실패란 단지 다시 시작할 기회입니다.
이번에는 더 지혜롭게.
–헨리 포드(Henry Ford)

감사하는 마음이 행복의 비결!
〔평생수행자료〕

우리 일어나서 감사하자.
오늘 많이 배우진 못했어도,
적어도 조금은 배웠으니까.
그리고 조금 배우진 못했어도,
적어도 우리가 병들진 않았으니까.
그리고 우리가 병들었어도,
적어도 우리가 죽지는 않았으니까.
그러니, 우리 모두 감사하자.
–붓다

감사하는 마음은 상대방뿐만 아니라 자기 자신도 행복하게 만드는 일석이조의 행복 자원입니다.

모든 사태를 선의로 받아들이는 놀라운 마음의 여유!

〔평생수행자료〕

어느 날 저녁, 부루나는 선정에서 일어나 석가모니 부처님께 찾아가서 곧 여행을 가겠다고 말씀드렸습니다. 부처님께서 그에게, 자기 자신을 다스리고 감각(시각 · 청각 · 후각 · 미각 · 촉각 · 지각)을 통해 받는 정보에 의한 혼란을 피하라고 말씀하시면서 부루나에게 물으셨습니다.

"자 그럼, 부루나야, 이제 내가 너에게 간단히 지시했으니, 어느 지방에 가서 살려고 하느냐?"

"부처님, 수나빠란따(수로나)라는 지방이 있습니다. 저는 거기에 가서 살려고 합니다."

"부루나야, 수로나 사람들은 사납다. 그들은 거칠다. 만일 그들이 너를 모욕하고 비웃으면, 너는 어떻게 생각하겠느냐?"

"만일 그들이 저를 모욕하고 비웃으면, 저는 생각할 것입니다. '이 수로나 사람들은 예의 바르다고, 매우 예의 바르다'고요. 그들은 손으로 저를 때리지 않기 때문입니다."

"그러나 만일 그들이 손으로 너를 때리면, 너는 어떻게 생각할 테냐?"

"저는 생각할 것입니다. '이 수로나 사람들은 예의 바르다고, 매우 예의 바르다'고요. 그들은 저를 흙덩이로 때리지 않으니까요."

"그러나 만일 그들이 너를 흙덩이로 때린다면 너는 어떻게 생각할 테냐?"

"저는 생각할 것입니다. '이 수로나 사람들은 예의 바르다고, 매우 예의 바르다'고요. 그들은 저를 몽둥이로 때리지 않으니까요."

"그러나 만일 그들이 너를 몽둥이로 때린다면?"

"저는 생각할 것입니다. '이 수로나 사람들은 예의 바르다고, 매우 예의 바르다'고요. 그들은 저를 칼로 베지 않으니까요."

"그러나 만일 그들이 너를 칼로 벤다면?"

"저는 생각할 것입니다, '이 수로나 사람들은 예의 바르다고, 매우 예의 바르다'고요. 그들은 예리한 칼로 제 목숨을 빼앗지 않으니까요."

"그러나 만일 그들이 예리한 칼로 너의 목숨을 빼앗으면?"

"만일 그들이 예리한 칼로 저의 목숨을 빼앗으면, 저는 생각할 것입니다. '세존의 제자들이 있는데-이들은 몸과 생명에 질겁하고, 모욕당했으며, 싫어져서-(자기를 죽여줄) 자객을 찾아 다녔습니다. 그러나 여기서 저는 저를 죽여줄 자객을 찾아다니지도 않았는데 만났습니다'라고 생각할 것입니다."

"훌륭하다, 부루나야, 아주 훌륭하다. 그런 평온과 자제력을 가졌으니 너는 수로나 사람들 가운데 거주할 수 있다. 이제 네가 좋다고 생각하는 대로 할 때가 되었다."

-출처 미상

모든 것을 좋게 받아들이는 사람에게는 세상에 나쁜 것은 없습니다! 따라서 그에게는 아무 고통도 없고 기쁨만 있을 뿐입니다. 이것이 진정한 수행자의 길, 완전한 깨달음으로 가는 길입니다.

조건 없는(조건을 초월한) 사랑이 행복과 건강의 필수조건

〔평생수행자료〕

조건 없는 사랑(unconditional love)은 순수한 사랑 자체입니다. 이런 사랑은 대상을 차별하지 않으므로 보편적인 사랑(universal love)입니다. 이런 사랑을 할 수 있는 것은 모든 사람, 모든 중생들을 자기 자신처럼 소중하게 여길 수 있는 분입니다. 시작을 알 수 없는 때(무시無始)로부터 윤회해 오는 과정에서 우리들의 어머니가 아니었던 중생은 한 분도 안 계신다는 것을 깨달은 분들은 이런 사랑을 할 수 있습니다. 이런 사랑(대상이 없는 사랑)은 자기 곁에 대상이 있든 없든 상관하지 않으므로 이별 같은 아픔이 없이 순수한 기쁨만 있습니다.

이런 사랑은 변함이 없으므로(변함없는 사랑) 또한 완전한 사랑입니다. 그리고 이런 사랑으로 가득 찬 사람은 세상에서 가장 행복한 사람입니다.

마음이 사랑과 행복의 에너지로 넘치는 사람은 건강하지 않을 수가 없으므로 이런 분은 또한 세상에서 가장 건강한 분입니다.

조건에 지배되는 것은 변하기 마련이고, 변하는 것은 완전한 것이 아닙니다. 모든 조건을 초월하여 지금 여기서 행복할 수 없는 사람들은 언제 어디에서도 행복할 수 없습니다. 행복을 좌우하는 것은 내부마음(내심內心)이지, 외부조건(외경外境)이 아니기 때문입니다.

> 모든 이들의 궁극적인 본성인 시간을 초월한
> 안락(대락大樂)에 비해, 모든 조건적인 경험은
> 더 많든 더 적든 고통으로 가득합니다.
> —출처 미상

> 우리는 결코 이 분을 해칠 수 없다.
> 그가 자기 자신보다 우리들을 더 사랑하기 때문이다.
> —어느 악신 우두머리의 고백

"사랑은 모든 것을 정복한다(love conquers everything)."

세상에 사랑보다 더 큰 힘은 없습니다. 사랑은 합일, 세상 전체의 에너지이기 때문입니다.

가장 위대한 사랑은 대상이 없는 사랑!

〔평생수행자료〕

"대상이 없는 사랑보다 더 큰 사랑은 없습니다.
왜냐하면 그러면 그대가, 그대 자신이,
사랑 자체가 되니까요."

–루미(Rumi)

그대 자신이 사랑 자체가 되는 날은 그대의 사랑이 완성되는 위대한 날입니다. 이젠 그대 옆에 누가 있든 없든 상관이 없습니다.

불완전한 사랑으로 인한 온갖 아픔은 사라지고 이제 완전한 사랑의 기쁨만 있을 뿐입니다. 사랑 때문에 아파하는 이들이 모두 여기에서 아픔 없는 사랑의 비밀 발견하소서!

참된 사랑에는 고통이 없습니다. 그것은 청정한 지혜의 에너지이기 때문입니다. 고통은 지혜와 사랑의 부재나 부족 · 이기심에서 나옵니다.

사랑-아름다움-신비로움-행복-건강!

당신이 어떤 것이나 잡고 그걸 사랑하는 마음으로 자세히 살펴보면, 그것은 거의 종교적인(합일적인) 경험이 됩니다. 간단하고 평범한 것으로 생각되는 것이 엄청나게 복잡하고 믿을 수 없을 만큼 아름다운 것으로 드러납니다.

-출처 미상

하루를 보낼 때 아름다운 것을 보거나 듣지 않거나, 신비로운 것에 대해 생각해 보지 않거나, 진리와 완성을 추구하지 않으면 그것은 아주 가난하게 보낸 하루입니다. 그리고 잇따라 그런 하루를 보내는 것은 인생에게 치명적입니다.

-루이스 멈퍼드(Lewis Mumford)

우리가 경험하는 것을 싫어하면, 우리의 생명력이 감소됩니다. 우리가 아름다운 것을 보면, 심지어 최악의 상황에서도, 우리의 생명력은 향상됩니다.
상대적인 아름다움은 지성에 활력을 주고 우리들을 어느 정도 열리게 할 수 있습니다. 그러나 존재의 청정의〔절대적인〕 아름다움을 보면 우리의 생명력이 더 깊은 면에서 영양을 얻습니다.

–출처 미상

사랑으로 가득 찬 마음은 세상에서 가장 넉넉하고 아름답고 행복하며 건강하고 경이로운 마음입니다. 또한 아름다움과 신비로움, 진리와 완성은 모두 우리들을 합일의 풍요로 인도해 줍니다.

미움은 우리들의 몸과 마음을 위축시켜 생명을 감소시키나 사랑은 우리들의 몸과 마음을 확장시켜 생명을 증장시킵니다.

고통은 오히려 축복!

〔평생수행자료〕

행복할 때 기뻐하지 말고, 불행할 때 기뻐하라:
행복은 쌓아 놓은 공덕〔선업善業〕을 소모하고, 불행은
죄업〔악업惡業〕과 〔깨달음의〕 장애들을 정화해 주니까.

칭찬 받을 때 기뻐하지 말고, 비난 받을 때 기뻐하라:
비난은 그대의 허물을 알게 해 주니까.

–출처 미상

까르마(karma; 업業)는 심지어 꾸지람을 듣거나 악몽을
꿀 때도 정화된다.

–출처 미상

이런 관점에서 보면 불행은 오히려 축복이고 행복은 불행의 전조일 수 있습니다. 고마운 마음으로 맞이하면 모든 것이 귀중한 행복의 자원이 됩니다.

듣기 좋은 말은 자신의 행복 자원을 키우는 데에, 듣기 싫은 말은 자신의 불행 자원을 없애는 데에 도움이 됩니다.

그러나 고통이 너무 심하고 거기서 벗어날 가능성이 없으면 모든 것을 끝내버리고 싶은 충동을 불러일으킬 수 있으므로 주의해야 합니다.

자기에게 일어나는 것들에 대한 세 가지 태도

〔평생수행자료〕

1. 무지 → 부정적인 반발

   초보 수행자에게는 나타나는 것들이 (수행에) 적이 되고,

2. 상대적인 지혜 → 긍정적인 반응: 이용

   중간 수행자들에게는 나타나는 것들이 도우미로 작용한다.

3. 절대적인 지혜 → 양변 모두 초월

   그러나 가장 훌륭한 수행자들은 나타나는 것과 나타나지 않는 것을 상관하지 않는다.

   –감뽀빠(Gampopa)

부정적인 반발은 무지에서 일어나는 행위이므로 자기 자신과 세상의 고통만 증가시킬 뿐입니다.

반발(reaction) ← 무지(에고) / 반응(response) ← 지혜

비록 제가 도움을 주고
큰 희망을 가졌던 어떤 사람이
이유 없이 저를 해친다 해도
제가 그를 성스러운 스승님으로 보게 하소서.

–랑리 땅빠(Langri Tangpa)

우리들을 해치는 분들은 인욕과 사랑을 가르쳐 주는 귀한 스승님들!

세상이 그대를 무릎 꿇게 할 때,
그대는 기도하기에 완벽한 자리에 있습니다.

–루미(Rumi)

사십시오, 마치 당신이 두 번째로 사는 것처럼,
그리고 마치 첫 번째는 잘못 살았던 것처럼.

– 빅토르 E. 프랑클(Viktor E. Frankl)

질병도 소중한 행복 자원

〔평생수행자료〕

나에게는 질병을 이용하는 구전口傳의 가르침들이 있다.
만일 내가 의사를 부른다면,
그것은 나 자신에게 해를 끼치는 것이다.

–마르빠(Marpa)

질병은 우리가 싸워서 물리쳐야 할 적이 아닙니다.

그것은 우리가 바른 길에서 벗어났다는 것을 알려주는 고마운 안내자입니다. 우리가 바른 길로 돌아오면 질병은 자신의 역할이 끝나므로 물러갑니다.

지혜로운 이들의 사전에는 '투병'이라는 말이 없습니다.

모든 것은 최선을 향해 움직이므로 불필요한 간섭과 싸움은 사태를 더 악화시킬 뿐입니다.

어떤 것과도 싸우지 말고 이용하십시오!
이것이 가장 높은 가르침입니다!

스승師 guru

모든 분들을 스승님으로 여기는 분은 모든 분들로부터 가르침을 받을 수 있습니다.

부처님들께서는 중생들을 깨달음으로 인도하시기 위해 어떤 때는 동물이나 식물, 무생물은 물론 때로는 악마로도 나타나신다고 합니다. 이것이 우리가 만나는 모든 분, 모든 것을 스승님으로 여기며 섬겨야 할 이유입니다. 알고 보면 온 세상이 성인聖人들의 축복으로 가득 차 있답니다.

이리하여 우리들의 마음이 언제나 스승님들에 대한 지극한 공경과 감사로 가득 찰 때 비로소 우리들은 진정한 행복을 맛보게 될 것입니다.

참기〔인욕忍辱〕 수행에는,
우리들의 적이 가장 좋은 스승이다.
–출처 미상

수행자들에게는 세상에 적이 없습니다. 그는 우리들을 더 나은 사람이 되도록 이끌어주는 너무도 귀한 스승님입니다. 그래서 높은 가르침은 스승님의 그림자도 밟지 말라고 충고합니다.

만일 제가 두 사람과 함께 걷는다면,
그들 각자가 저의 스승님 역할을 할 것입니다.
저는 한 분의 좋은 점은 골라서 모방하고,
다른 분의 나쁜 점은 골라서 저 자신
안에서 그것들을 바로잡는 것입니다.
–공자孔子

더 나은 인간관계로 가는 길: 당신의 제자도 당신의 스승님!

〔평생수행자료〕

만일 당신이 기꺼이 학생들로부터 배우려 하지
않는다면-만일 당신이 당신 자신을 학생으로
그리고 학생들을 당신의 스승으로 여기지 않는다면-
당신은 진정한 스승이길 멈추는 것입니다.

-출처 미상

가장 훌륭한 학생이 가장 훌륭한 스승이고 가장 훌륭한 스승은 가장 훌륭한 학생입니다.

선생님이 학생으로부터 기꺼이 배우려고 하면,
학생도 열심히 주려고 하기 때문에,
그래서 거기에 진정한 사랑이 있고,
그리고 진정한 소통이 일어납니다.

-최갸 뚱빠

이것이 이상적인 스승과 학생 사이의 관계입니다. 이것은 또한 다른 모든 인간관계에도 똑같이 적용됩니다. 예를 들어, 상관은 부하들을 자신의 상관으로 여기고, 대통령은 국민들을 자신의 대통령으로 섬기는 것 말입니다. 이것은 또한 자기 자신을 가장 잘 위하는 길이기도 합니다.

> 당신에게 찾아오는 사람은 누구나 더 훌륭하고 행복한 사람으로 떠나도록 하세요.
>
> –마더 테레사(Mother Teresa)

어두운 세상 비춰주는 찬란한 지혜와 사랑의 등불, 교황 프란치스코(Pope Francis)

〔평생수행자료〕

필자는 이 성스러운 분의 얼굴을 보기만 해도 눈물이 나고 가슴이 뭉클해집니다. 그의 넘치는 사랑의 에너지가 전해오기 때문입니다. 그의 영향으로 세상이 틀림없이 좋은 방향으로 많이 바뀌게 될 것입니다. 부디 오래오래 건강하게 사소서!

여기 그의 지혜와 사랑이 듬뿍 담긴 2013년 성탄 전야 메시지가 있습니다.

> 주님은 위대하시지만 스스로 작아지셨습니다.
> 주님은 부유하시지만 스스로 가난해지셨습니다.
> 주님은 전능하시지만 스스로 연약해지셨습니다.
>
> –교황 프란치스코(Pope Francis)

스스로를 낮추는 분들을 세상은 높이 받들어주는 법이니 자기가 세상에서 가장 잘난 체하면서 남들을 무시하는 분들은 참으로 어리석은 분들입니다. 그가 되돌려 받는 것은 더 심한 무시와 경멸뿐이기 때문입니다.

세상에서 가장 위대한 자리는 가장 높은 자리가 아니라 가장 낮은 자리입니다. 세상에서 가장 큰 부는 물질적인 부가 아니라 넉넉한 마음입니다. 세상에서 가장 위대한 힘은 물리적인 강함이 아니라 정신적인 부드러움, 사랑입니다.

여기서 크게 깨닫는 분들은 큰 행복을 성취할 수 있을 것입니다!

인생을 지배하는 법칙

〔평생수행자료〕〔핵심교의〕

모든 분들을 존중하는 태도로 대하는 것이 자기 자신도 그런 대우를 받는 길입니다. 티베트에는 이런 말이 있다고 합니다.

> 우리가 우리들의 스승님을 개처럼 대하면 그의 가르침은 썩은 음식이나 마찬가지로 가치가 없습니다.
> 우리가 우리들의 스승님을 친구처럼 대하면 그의 가르침은 신선한 음식물처럼 영양가가 있습니다.
> 우리가 우리들의 스승님을 붓다처럼 대하면 그의 가르침은 붓다의 감로수가 됩니다.

수행자들은 다음 세 단계를 거쳐서 가르침을 소화합니다.

첫째, 수용하는 단계(문聞) → 들어서 얻는 지혜(문혜聞慧)
둘째, 사유하는 단계(사思) → 사유로 얻는 지혜(사혜思慧)
셋째, 수습하는 단계(수修) → 닦아서 얻는 지혜(수혜修慧)

내부 스승(지혜의 마음)과 자기 교육

〔평생수행자료〕

스스로 하는 교육이, 저는 확고하게 믿습니다.
세상에 있는 유일한 종류의 교육이라고.

–이삭 아시모프(Isaac Asimov)

내면에서 준비가 되어 있지 않으면 우리는 아무것도 배울 수 없기 때문입니다.

내부 의사와 자기 치유(=자연 치유=자연 완성)

유일한 도움은 스스로 돕는 것이고, 유일한 치유 방법은 자기 치유입니다.

–콜드웰 박사(Dr. Coldwell)

모든 환자는 자기 안에
자기 자신의 의사를 갖고 있습니다.

–앨버트 슈바이처(Albert Schweitzer)

아무런 치료도 하지 않는 것 또한 좋은 치료법입니다.

–히포크라테스

'의학적인 개입(medical intervention)'은 자연의 자기 완성 과정을 방해하므로 때로는 해가 됩니다. 그러므로 불필요한 치료를 받지 않도록 주의해야 합니다. 앞으로 갈수록 혼자 사는 분들이 늘어나고 자원 부족으로 경제사정은 나빠질 것이므로 어린 시절부터 불가피한 경우를 제외하곤 외부 도움을 받지 않고 각자 자신의 몸을 직접 돌보고 살림도 직접 할 수 있도록 훈련해야 합니다. 고갈되어 가는 지구의 자원의 보존을 위한 노력은 우리들 모두의 의무입니다.

자기 치유가 가능한 까닭: 인체의 놀라운 재생력

인체는 자신의 문제 점검 및 해결을 위한 놀라운 자동장치들로 자기 자신을 보호하며 진화합니다.

- 한 시간에 약 10억 개의 세포가 우리들의 몸에서 교체된답니다.

- 거의 70억 간세포는 매순간 재생되며, 6주마다 새로운 간이 생깁니다.
- 매순간 4,000개의 붉은 혈액 세포가 재생됩니다.
- 4주마다 새 피부가 생깁니다.
- 8주마다 새 신장이 생깁니다.
- 8개월마다 새 폐가 생깁니다.
- 뼈와 치아와 뇌의 일부 세포를 제외하고, 인체에는 11개월 이상 된 세포가 없습니다. (이것은 인체의 대부분, 98%의 세포가 젊다는 얘깁니다.)

모든 것은 잠시도 쉬지 않고 끊임없이 변하니 세상에 새롭지 않은 것은 아무것도 없습니다.

모든 생명체는 끊임없는 갱신과 발전을 향해 나아갑니다. 그러므로 우리들의 마음도 늘 새로워지고 발전해야 더 건강하고 더 행복해질 수 있습니다.

성욕性慾 = 성욕聖慾
sexual desire

성욕은 너무도 신성한 생명과 사랑의 에너지이며 정신적으로는 합일에 대한 욕망입니다. 그러므로 성스러운 마음으로 대하면 성은 최상의 기쁨과 축복을 줄 수 있습니다. 그러나 육체적인 욕망을 채우는 일에만 빠지면 마음은 더욱 더 황폐하고 공허하게 되고, 게다가 폭력으로 대한다면 고통만 초래할 뿐입니다.

상대방을 생각(사랑)하는 마음이 자기 자신의 욕망을 채우려는 마음보다 더 크면 섹스를 하지 않아도 얼마든지 행복할 수 있습니다. 그러므로 행복의 비결은 남을 위한 사랑을 먼저 키우는 것입니다.

모든 욕망은
자신을 위해 사용하면 이기적이 되지만
남들을 위해 사용하면 이타적이 되고
깨달음을 위해 이용하면 수행이 됩니다.

세상 어디에서나 여성의 몸이 보이면,
그건 나 자신의 신성한 몸으로 인식해야 하네.
-바즈라요기니(Vajrayogini), 가장 높은 딴뜨라 수행 본존

감각의 대상들도 이용하라

〔평생수행자료〕

감각의 대상들을 버리는 것은 금욕주의로
자기 자신을 고문하는 것이니
그러지 마라!
형태가 보이면, 보라!
마찬가지로, 소리에 귀를 기울이고,
향기를 들이 마시며,
맛있는 것을 맛보고,
감촉을 느끼며,
다섯 가지 감각의 대상들을 이용하라-

그대는 빨리 성불할 것이다.

-짠다마하로싸나-딴뜨라(Candamaharosana-tantra)

비밀진언(금강승)의 심오한 가르침에 의하면,
만일 당신이 감각을 통해 즐길 수 있는 것들을
깨달음의 길(道)로 이용하지 않고 버린다면,
그것은 당신 자신에게 불이익을 주는 것이다.

-마르빠(Marpa)

완전한 깨달음은 우리가 얻을 수 있는 가장 큰 행복입니다. 그러므로 무엇이든지 깨달음을 얻기 위해 이용하게 되면 그것은 가장 큰 행복을 가져오는 가장 귀중한 자원이 됩니다. 이렇게 보면 우리가 사는 세상에서 버려야 할 것은 아무것도 없습니다. 모두 깨달음의 자원으로 이용될 수 있기 때문입니다.

우리의 신체는 놀라운 희열의 조직체

〔평생수행자료〕

정수리 짜끄라는 '초월적인 안락의 바퀴〔대락륜大樂輪〕'라 불리는데, 희열의 근원인 흰 연꽃 같은 남성의 하얀 정액〔백정白精〕이 여기에서 생장되고 머뭅니다.

음부 짜끄라가 호락륜護樂輪이라고 불리는 것은 이곳이 타고난 희열을 보호해 주기 때문입니다.

성기 끝에는 '희열이 선회하는 바퀴'라는 뜻의 희선륜喜旋輪이라는 짜끄라가 있습니다.

배꼽 짜끄라에는 희열을 드러내거나 발생시키는 원천인 '배꼽불'이 있습니다. 또한 이곳은 여성의 붉은 정혈〔적정赤精〕을 생장시키는 곳이기도 합니다.

심장 짜끄라는 백정과 적정을 균등하게 생장시키는 중요한 곳입니다. 뿐만 아니라 심장은 우리들의 의식과 생명의 의지처이기도 합니다.

가끔 손바닥으로 손등이나 발바닥, 발등을 부드럽게 쓰다듬어

보십시오. 신경계에 퍼져 있는 기쁨의 에너지가 반응할 것입니다.

몸에 어디 불편한 곳이 있는 분들은 사랑하는 마음으로 그곳을 어루만져 주면 불편을 해소하는 데에 도움이 됩니다. 기쁨의 에너지는, 사랑의 에너지와 함께, 가장 좋은 치유 에너지이며 완전한 성취, 완전한 깨달음의 자원입니다.

우리들은 모두 큰 기쁨(대락大樂)의 존재!

〔핵심교의〕〔평생수행자료〕

사하자요기니찐따(Sahajayoginicinta)에 의하면, 잉태 순간에 대락의 불꽃이 남성과 여성의 생식액의 방울과 결합해서 하나의 볼(ball)을 형성하는데, 이것이 새 존재(태아)의 핵심입니다. 그래서 대락은 인간이 잉태할 때 출현하여 거기, 심장 속에, 우리가 사는 동안 사뭇 남아 있습니다.

가장 깊은 내면의 자아〔가장 섬세한 마음〕 혹은 대락의 불꽃이 하나의 남자나 여자의 몸으로 스스로 나타나거나 남자나 여자의 몸을 형성하여 진리의 본성〔법성法性〕을 육체로 구현하여 구체적으로 표현하는 것입니다.

이것이 성性을 인간 내면의 대락의 불성佛性의 표출로 만드는 것입니다. 그러므로 성은 궁극적인 것(법성)과 충분한 연관을 갖고 있어 다시 궁극적인 것으로 돌아갈 다리를 제공하는 것입니다.

–미란다 쇼(Miranda Shaw)

우리가 거처하는 곳은 상대적으로는 고통의 세계이지만 우리는 근본적으로는 고통의 존재가 아니라 기쁨의 존재입니다. 그러나 이것을 깨닫지 못한 분들은 이런 기쁨을 누리지 못하므로 깨달음은 행복과 불행을 결정해 주는 가장 중요한 문제입니다.

한 생명이 잉태되는 순간뿐만 아니라 그 생명이 소멸되는 순간에도 대락大樂이 일어나며, 불성 또한 대락이니, 우리의 삶은 기쁨에서 시작되어 기쁨으로 이어지는 기쁨의 과정이고, 마지막은 가장 큰 기쁨의 완성, 성불입니다.

모든 은혜로운 어머니 중생들의 마음속이 언제나 이 큰 기쁨으로 넘치소서!

욕정을 대하는 세 가지 태도

〔평생수행자료〕〔핵심교의〕

첫째 방법은 욕정을 억누르는 것이고,
둘째 방법은 그것을 긍정적인 에너지로 전환하는 것이며,
셋째 방법은 그것을 깨달음을 위해 이용하는 것입니다.

세속적인 즐거움의 경험으로부터 탐욕이 일어나지 않도록 하기 위해, 세속적인 즐거움을 깨달음의 길로 전환시키기 위한 방편으로 붓다께서는 딴뜨라(tantra)를 가르치셨습니다.
부처님께서는 낮은 단계의 딴뜨라의 가르침에서 세속적인 즐거움을 상상을 통해 깨달음의 길로 이용하는 방법을 가르쳐 주셨고, 가장 높은 단계의 가르침에서는 성적 희열을 가장 빠른 깨달음의 길로 이용하는 법을 가르쳐 주셨습니다.

–출처 미상

여기서 우리가 알아야 할 가장 중요한 것은 세속적인 즐거움도 깨달음의 길로 이용할 수 있다는 점입니다. 그리고 여기서 얘기하는 깨달음은 즐거움이나 기쁨은 독립적으로 존재하는 것이 아니라는 것, 다시 말해, 낙樂과 공空이 둘이 아니라는 것(낙공불이樂空不二)을 깨닫는 것입니다. 그래야 기쁨을 만끽하면서도 거기에 빠지지 않을 수 있기 때문입니다.

이런 가르침을 모르는 분들은 모든 종교가 섹스를 배척하고 금욕을 주장하는 것으로 오해하여 모든 종교를 비난합니다. 허나 종교는 모든 것을 포용하므로 종교보다 더 넓고 높고 심오한 가르침은 없습니다.

섹스가 수행의 대상이 되기 위한 조건

〔참고자료〕

1. 파트너를 부처님으로 인식해야 합니다. 그러면 범부의 욕망의 대상이 존재하지 않게 됩니다.〔이것은 모든 중생들을 부처님으로 보고, 모든 소리를 부처님들의 진언, 만뜨라(mantra)로 여기며, 이 세상을 부처님들의 정토로 보는 청정한 인식(pure perception)을 필요로 합니다.〕
2. 수행의 방편에 따라서 육체적 결합이 이뤄지면 범부의 육체적인 결합이 존재하지 않게 됩니다. (이렇게 하려면 먼저 섹스 요가의

방편에 대한 공부가 선행되어야 합니다.)

3. 절정감을 공성空性을 깨닫는 지혜로 전환하고 정액을 몸 밖으로 내보내지 않으면 쾌락이 존재하지 않게 됩니다.(이렇게 할 수 있으려면 자기 자신의 몸과 에너지를 마음대로 조종할 수 있어야 합니다.)

그러니까 섹스 요가(합일 수행)의 목적은 깨달음을 얻기 위한 수행이지, 육체적인 욕망의 충족이 아닙니다.

지금 당장은 이렇게 하지 못하더라도 청정한 마음으로 모든 것을 대하는 마음을 길러나가다 보면 언젠가는 성인聖人들의 행복을 얻을 수 있는 날이 오겠지요.

남녀 붓다들의 교합이 상징하는 것

〔평생수행자료〕〔핵심교의〕

남녀 붓다들의 성적인 교합상이 상징하는 것은 우리들의 남녀 에너지의 내적인 통합입니다. 더 깊은 수준에서, 그들의 교합이 상징하는 것은 가장 높은 딴뜨라 수행의 목표인 가장 섬세하고 기쁜 마음의 상태인데, 이 상태는, 바로 자체의 성격상, 궁극적인 실상〔공성空性〕을 파악하여 우리들을 모든 번뇌와 고통으로부터 해방시키기에 가장 적합한 것입니다.

이 수준에서, 남존상이 상징하는 것은 초월적인 안락〔대락大樂〕이고 여존상이 상징하는 것은 (공성을 깨달은) 둘이 아닌, 불이不二의 지혜입니다.
–출처 미상

인생의 큰 신비 중의 하나이며 딴뜨라의 핵심적인 메시지는 모든 현상의 희열의 성격은 남성/여성과 같은 이원성의 통합에서 실현된다는 것입니다.
–출처 미상

남성의 몸 안에도 여성의 붉은 정혈이, 그리고 여성의 몸 안에도 남성의 하얀 정액이 들어 있으나 밖으로 배출되지 않도록 차단되어 있다고 합니다. 참으로 경이로운 일입니다!

이것은 이성에 의지하지 않고도 우리가 혼자서 내적으로 양성의 통합을 이룰 수 있게 해 줍니다.

그러나 완전한 통합은 내적인 통합과 외적인 통합이 동시에 이루어지는 것입니다. 대락은 공성의 지혜와 함께 하기 때문입니다.

모든 섹스 문제에 대한 고민, 여기서 해답을 찾아보십시오!

우리가 도달할 수 있는 최선의 상태
(평생수행자료)

합일合一 union

합일은 우리들의 정신적인 발전의 완성입니다. 이때 우리는 세상 전체와 하나가 되는 것입니다.

다시 말해, 우리가 곧 세상이 되고 세상이 곧 우리가 되는 상태입니다.

이런 합일이 가능한 것은 우리들 자신 안에 이미 세상에 존재하는 모든 생명체는 물론 무생물, 우주의 모든 것이 들어 있기 때문입니다.

우리들 각자 안에는 어린이는 물론 젊은이와 노인, 여자와 남자도 모두 들어 있습니다. 이걸 깨닫고 실천하면 됩니다.

깨달으신 분들의 마음과 몸은 동일체同一體여서, 부처님들의 마음은, 다른 사람들이 알아볼 수 있도록, 신체적인 형태로 나타나실 수 있다고 합니다.

몸과 마음의 완전한 합일 상태-이것이 우리가 도달해야 할 최상의 경지입니다.

합일의 마음이 완전한 행복으로 가는 길

〔평생수행자료〕

마음은 몸과 다른 개체이지만 몸의 생명의 바람 에너지에 의지하지 않고 혼자서는 움직이지 못합니다. 그러므로 마음을 다스리려면 바람 에너지의 움직임인 호흡을 다스려야 합니다.

호흡이 안정되면 마음이 안정되고, 마음이 안정되면 몸도 안정됩니다. 몸과 마음의 건강을 위해 안정된 호흡이 중요한 까닭이 여기에 있습니다. 명상 또는 참선의 가치도 여기에서 볼 수 있습니다.

> 심장 안에는 부드러운 지혜-바람(wisdom-wind)이 머물고, 폐 안에는 거친 업의 바람(karmic wind)이 머문다고 합니다.
> 전자는 청정한 합일의 에너지이나, 후자는 부정不淨한 이원적인 분별의 에너지입니다.

완전한 깨달음을 얻어 몸과 마음이 완전한 합일에 도달하기 전까지 우리들의 마음은 주체와 대상을 둘로 나누어 봅니다. 이런 이원적인 거친 마음(무지의 마음)이 우리들의 모든 고통의 근원입니다. 자기가 좋아하는 것만 끌어들이고 자기가 싫어하는 것은 밀어내기 때문입니다.

수행은 이런 이원적인 마음을 극복하고 합일적인 섬세한(심오한) 마음(지혜의 마음)을 기르는 것입니다. 그래야 윤회세계의 모든 고통에서 벗어나서 완전한 행복을 얻을 수 있습니다. 그 전까진 누구나 고통을 받게 마련입니다.

모든 영혼은 하나네. 모든 존재는 단지
사랑하는 큰 님(신神)의 반영일 뿐이네.
–루미(Rumi)

저는 더 이상 한 방울에 불과하지 않아요.
저는 바다가 되었어요. 저는 가슴의 언어를
사용하는데, 여기에서는 저의 모든 입자가
하나 되어, 황홀경에서 소리쳐요!
–루미(Rumi)

이른 아침 햇빛에 이슬방울 하나
연잎에서 살짝 떨어져 진주처럼 반짝이며
바다로 들어가네. 내게도 같은 일 있었네.
–까비르(Kabir)

인생의 두 길:
종교인들의 삶과 비종교인들의 삶

〔평생수행자료〕

관조적〔성찰적〕이 아닌 인생관은 거의 틀림없이
불행하게 만드는 프로그램입니다.

–토마스 키팅 신부(Father Thomas Keating)

왜 그럴까요?

일반인들의 인생관의 바탕은 궁극적인 진리의 깨달음이 아니라 미혹(무지)이기 때문입니다.

완전한 깨달음을 얻은 분들의 바른 견해만이 우리들을 참된 자유와 행복으로 인도해 줄 수 있습니다.

종교는 우리들을 최상의 깨달음의 행복으로 인도하는 인생의 최고의 안내자입니다. 그러므로 종교가 없는 분들은 안내자 없이 인생길을 여행하는 외로운 분들입니다.

종교宗教라는 말은 문자적으로 '으뜸가는 가르침'을 뜻하는데, 종교의 뜻으로 사용되는 영어의 religion은 어원적으로 '재결합'을 의미합니다. 불교에서는 합일(union)이나 요가(yoga; 방편과 지혜의 합일 수행)가 매우 중요한 개념입니다. 세속의 길은 분열의 고통(윤회)으로 가는 길이나 종교는 합일(해탈)의 행복으로 가는 길입니다.

(지적인) 마음이 한계만을 보는 동안 사랑은
거기서 비밀의 길을 알고 있소.
–루미(Rumi)

합일의 행복으로 가는 길

〔평생수행자료〕

크리스천의 여정의 첫 부분은 타인이 있다는 것을
깨닫는 것입니다.
둘째 부분은 타인이 되는 것입니다.
셋째 그리고 가장 큰 부분은 타인이 없다는 것을
깨닫는 것입니다.
–토마스 키팅 신부(Father Thomas Keating)

정신적인 성장은 행복 증장

1단계: 타인의 존재에 대한 깨달음 → 자기와 다름(다양성)에 대한 깨달음〔자타 공존 단계: 반쪽 행복〕

2단계: 타인으로 다시 태어나기〔자기 존재 확장 과정〕

3단계: 자타불이自他不二에 대한 깨달음 → 〔합일 성취: 행복 완성〕

외양은 모두 달라도 본성은 동일한, 우리는 모두 세상에서 가장 귀한 존재, 성인聖人이니 '나'와 '너'의 차별은 분리의 고통으로 가는 길입니다.

초월적인 안락 · 대락으로 가는 길: 합일

〔평생수행자료〕〔핵심교의〕

합일의 한 상태에 대해 이해만 해도 이루 헤아릴 수 없는 이득이 있다고 합니다. 이것은 우리가 도달할 수 있는 최상의 행복으로 가는 길이기 때문입니다.

나가르주나 존자에 의하면 합일에는 21가지(혹은 23가지)가 있는데, 여기에서는 몇 가지만 소개해 드리겠습니다.

1. 윤회와 열반은 하나
2. 주관적인 인식(내심內心)과 객관적인 현상(외경外境)도 하나
3. 두 가지 진리(상대적 진리와 궁극적 진리)도 하나
4. 청정淸淨과 부정不淨도 하나
5. 대락大樂과 공성空性도 하나
6. 공성(지혜)과 자비(compassion)도 하나.

여기 대락이라는 말은 모든 것의 본성인 공성(모든 것이 하나임)을 깨달은 분들이 얻게 되는, 기쁨과 고통 같은 이원적인 감정을 초월한, 한없는 불변의 안락을 의미합니다. 이런 분들에게는 공성을 깨닫지 못해 고통 받는 분들에 대한 자비심이 저절로 일어나므로 공성과 자비를 하나라고 말하는 것입니다.

여기에 도달하기 전에 우리가 얻는 어떠한 행복도 모두 불완전합니다!

일미의 기쁨

〔평생수행자료〕〔핵심교의〕

저의 지혜롭고 성스러운 스승님께서
저를 공간과 지혜로 인도해 주셔서,
저는 모든 것의 일가一價를 깨달았습니다.

즐거움과 괴로움에서 벗어나는 것이 얼마나 기쁜가!

−대성취자 짜우란기빠(Mahasiddha Caurangipa)

일가一價=일미一味=합일=무아=대락=자비

● 마치 만뜨라(mantra)처럼 염송해 보세요, 대락을 얻을 때까지!

공간과 지혜는 우리들의 마음의 본성인 둘이 아닌 공성과 지혜의 작용을 가리킵니다. 이에 대한 수행을 통해 우리는 모든 것이 마음의 작용이라는 것을 알 수 있습니다. 그러면 모든 것이 마음속에서 하나로 통합되어 우리는 이원적인 분별의 고통에서 벗어나서 완전한 합일이 주는 이원적인 분별을 초월한 순수한 기쁨, 대락大樂을 맛볼 수 있습니다.

무지할 땐 다른 맛들이 전혀 다르지만,
깨달으면 모든 맛은 근본적으로 같네.
마찬가지로, 무지할 땐 윤회와 열반이 달라 보이지만,
그러나 깨달으면 그들은 하나의(같은) 순수한 기쁨(대락)이 되네.

−대성취자 싸르와박사(Magasiddha Sarvabhaksa)

맛있다 맛없다는 분별 넘어가면 일미의 기쁨 만날 수 있습니다!

완전한 건강과 행복으로 되돌아가는 길!

〔평생수행자료〕

우리가 우리들 자신이 모든 생명체와 다르지 않다는 것을 인식하면, 치유는 흔히 저절로 일어납니다.

–출처 미상

Healing(치유)은 범위가 넓은 말입니다. 이것은 whole(온전한)과 holy(신성한)와 관련되어 있으므로, 합일의 상태로 돌아가는 것이라고 정의를 내릴 수 있습니다.

–출처 미상

어떤 약도 행복이 치료하지 못하는 것을
치료하지 못합니다.

–가브리엘 가르시아 마께즈(Gabriel Garcia Marquez)

확실히 아세요, 위대한 사랑의 종교에는
신도들과 신도 아닌 분(비신도)들이 없다는 것을.
사랑은 모든 것을 껴안아요.

–루미(Rumi)

길 자체가 되는 것이 가장 빠른 길!

〔평생수행자료〕

너희는 깨달음의 길을 걸을 수 없다.

너희들 자신이 그 길 자체가 되기 전까지.

–붓다

그대가 사랑하는 큰 님(신神)을 찾으려면,

그대 자신이 그 님이 되어야 해요.

–루미(Rumi)

"행복으로 가는 길은 없다, 행복이 그 길이다."

길 자체가 되는 것이 목적지에 이르는 가장 빠른 길입니다.

사랑으로 가는 가장 빠른 길은 우리가 사랑 자체가 되는 것입니다.

아직 길을 못 찾아 헤매는 이들이여, 여기에 길이 있소이다!

2
우리의 세계의 특징

집중력과 단순함:
스티브 잡스의 성공 비결

〔평생수행자료〕

제가 좋아하는 만뜨라 가운데 하나는 집중과 단순함입니다. 단순한 것은 복잡한 것보다 더 어려울 수 있습니다. 왜냐하면 노력해서 자신의 생각을 명확하게 해야 그것을 단순하게 만들 수 있기 때문입니다. 그러나 그건 결국은 그럴 만한 가치가 있습니다. 왜냐하면 일단 거기에 도달하면, 산도 움직일 수 있으니까요.

–스티브 잡스

집중하는 범위가 작을수록 그 힘은 더 커집니다. 극도로 집중된 에너지의 작은 점이 폭발해서 지금도 팽창하고 있는 이 우주를 생각해 보십시오.

단순한 에너지는 복잡한 에너지보다 더 강하고

미(섬)세한 에너지는 거친 에너지보다 더 강하며

부드러운 에너지는 단단한 에너지보다 더 강하고
청정한 에너지는 부정한 에너지보다 더 강한 법!
전자前者는 모두 합일의 에너지이기 때문입니다.

폭력은, 물리적이든 정신적이든, 모두 거친 에너지로 피해자는 물론 가해자에게도 고통만 가져올 뿐입니다.

남에게 맞아 죽더라도 절대로 폭력에 의존하지 않겠다고 마음을 다지고 또 다져야 합니다. 그러나 맞아죽는 일도 피해야 합니다. 그건 상대방을 지옥으로 보낼 수 있기 때문입니다. 그러므로 우리는 사랑이라는 부드러운 에너지로 우리 앞에 다가오는 모든 폭력을 녹이도록 노력해야 합니다. 사랑이 모든 문제의 해답입니다.

집중의 중요성

〔평생수행자료〕

우리가 깊은 수면상태에 있을 때 우리의 의식은 신체의 감각적인 산만함 없이 집중되어 있기 때문에 큰 에너지를 갖고 있습니다.

죽음의 과정에서 몸과 마음의 모든 거친 요소가 소멸하고 난 다음의 가장 섬세한 의식은 생전의 의식보다 7~9배 더 밝다고 합니다. 수행자들은 수행을 통해 거친 요소들을 소멸시키고 섬세한 요소로 접근해 갑니다.

화재와 같은 비상시에 우리가 갖게 되는 엄청난 힘은 바로 집중에서 나오는 것입니다. 역도 선수들이 그런 무게를 들어 올릴 수 있는 것도 다름 아닌 집중력입니다.

집중훈련

조용한 곳에서 가부좌로 앉아서 마음을 고요한 상태(지止)에 유지하고 주의를 내면으로 돌려 마음을 지켜봅니다(관觀).

지止는 마음에 움직임이 없는 것이고
관觀은 마음의 성품을 인식하는 것이다.
–출처 미상

이런 지관止觀 수행은 마음과 섬세한 몸을 정화시켜 주고 차끄라의 매듭과 마음에 막혀 있는 것들을 녹여줄 뿐만 아니라 모든 것의 본성인 공성을 깨닫는 데에 반드시 필요합니다.

존재론적인 시야 확대: 존재의 세 가지 수준

〔평생수행자료〕

1. 거친 차원(외양/겉모습): 물질(색色)로 구성되어 있음.

〔상대적/세속적 진실, 변하는/일시적 세계〕

2. 섬세한 차원: 거친 차원과 매우 섬세한 차원의 중간.

3. 매우 섬세한 차원(본성/실제의 모습, 실상): 모든 경계가 사라지고 모든 것이 좋은 품성과 가능성으로 존재함.

〔절대적/궁극적 진실, 변하지 않는/영원한 세계〕

모든 것은 공空에서 나와 다시 공 속으로 되돌아갑니다.

공空 → 색色=공의 현현(상相)

색色 → 공空=색의 본성(성性)

몸과 마음의 세 가지 수준

〔핵심교의〕〔평생수행자료〕

1. 거친 몸: 살과 뼈로 구성된 업보業報의 몸〔죽음의 과정에서 소멸〕
2. 섬세한 몸: 에너지 채널, 생명의 바람, 하얀 보리심(남자의 정액; 백정白精)과 붉은 보리심(여자의 정혈; 적정赤精)〔죽음의 과정에서 소멸〕.
3. 매우 섬세한 몸: 이것은 가장 섬세한 마음의 운반체인 생명의 바람으로서 마음과 하나로 결합되어 있음(몸=맘)〔죽음의 과정에서 소멸하지 않음〕.

1. 거친 마음: 다섯 가지 감각(시각 · 청각 · 후각 · 미각 · 촉각)의 마음〔죽음의 과정에서 소멸〕
2. 섬세한 마음: 분별적인 마음과 번뇌〔죽음의 과정에서 소멸〕
3. 매우 섬세한(심오한) 마음: 존재의 공성을 깨닫는 '맑은 빛(지혜) 마음(정광명淨光明)'. 이것은 심장의 불괴명점不壞明占이라는 저장고에 있는 매우 섬세한 바람(몸)과 하나로 결합되어 있는데, 죽을 때는 누구나 이 섬세한 마음을 경험한다고 합니다.

〔죽음의 과정에서 소멸하지 않음〕. 이것이 진짜 우리들의 모습(본래 면목, 불성佛性)이며 가장 귀한 보물입니다!

수행을 통해 우리가 완전한 깨달음을 얻으면 이 마음이 모든 것을 아는 붓다의 일체지一切智의 마음이 된답니다.

거친 에너지와 섬세한 에너지

〔평생수행자료〕

세상에서 가장 부드러운 에너지가 세상에서 가장 단단한 것을 이깁니다. 이것으로 보아 나는 압니다. 행위를 하지 않는 것(무위無爲)이 유리하다는 것을.

-노자老子

행동하지 않는 행위(밖으로 드러나지 않은 섬세한 무위)가 밖으로 드러난 거친 행위를 능가합니다. 가슴속 깊이 든 사랑이 밖으로 드러낸 얕은 사랑을 능가하듯이.

부드러움은 지혜와 사랑의 합일의 에너지이므로 몸과 마음의 불편함을 제거하고 즐거움과 괴로움 같은 이원적인 분별을 초월한 변함없는 큰 안락〔대락大樂〕을 가져옵니다.

물질은 거친 에너지, 마음은 섬세한 에너지

세속적인 활동의 무용無用: 젊은 도인 아인슈타인

저는 아직도 다소 조숙한 젊은이였을 때, 이미 너무도 생생하게 깨달았습니다. 대부분의 사람들이 일생 동안 추구하는 희망과 열망이 무용하다는 것을.

—아인슈타인

깨달음은 나이나 지위와 상관 없이 누구에게나 문이 열려 있습니다!

말없이 앉아
아무것 안 해도,
봄은 오고—
풀은 저절로 자라네.

Sitting silently
doing nothing,
spring comes—
and the grass grows by itself.

—바쇼(Basho)

물질적인 성공, 부富의 공허
〔평생수행자료〕

우리들의 부유한 사회에는 재능과 지혜를 가진 분들이 있는데, 이들은 가난을 선호하고, 가난을 선택하며 공허한 부유의 황폐에 굴복하지 않습니다.

–마이클 해링턴(Michael Harrington)

어느 불행한 부잣집 문 앞에 행복한 거지가 잠자고 있다.

–티베트 속담

돈은 당신의 환경을 유쾌하게 만들 수 있을 뿐입니다.
그것은 당신의 내면(마음)을 유쾌하게 만들지는 못합니다.

–사드구루 자기 봐수데브(Sadhguru Jaggi Vasudev)

바쁜 생활의 공허함에 대해 주의하라.

–소크라테스

물체가 더 빨리 움직이면(물체의 운동속도가 빛의 속도에 접근하면), 그 물체의 길이는 더 짧아진다.
-아인슈타인

물질적인 재산을 많이 갖고 있을수록 그만큼 더 마음은 가난해집니다. 물질이 마음을 빼앗아가기 때문입니다. 그래서 지혜로운 분들은 물질적인 가난은 저주가 아니라 오히려 축복이라는 것을 압니다. 그들은 아주 작은 것으로도 만족할 수 있고 언제나 감사하는 마음으로 가득 차 있기 때문입니다.

정신적인 공허감에 대한 바른 처방
〔평생수행자료〕

정서적 공허에 대한 처방: 낮은 자존감, 부정적인 신체 이미지, 실패와 좌절감 등에 대해 가슴(heart)을 아름다움과 기쁨, 자애(love)와 연민(compassion)으로 채움
정신적인 공허에 대한 처방: 마음을 평등심(equanimity)과 각성의 지혜(self-awareness), 성스러움으로 채움

공허감과 밀접한 관련이 있는 것이 소중함(preciousness)과 대조되는 무의미감(the sense of meaninglessness)입니다.

이런 공허감을 해결하지 않으면 그것을 채우기 위해 몸이 암 같은 것을 성장시켜 채우려 할 수 있습니다. 몸과 마음은 본래 가장 깊은 수준에서 한 덩어리이기 때문입니다.

성스러움으로 채우는 방법은 성인聖人들에게 기도하거나 그분들을 생각 또는 관상(visualization)하며 성스러운 가르침, 특히 궁극적인 진리에 대해 사유하고 실천하려고 노력하며 모든 것을 성스럽게

보는 세계관(sacred outlook)을 기르는 것 등입니다.

> 이원적인 마음이 허파 부위에 머물며 호흡의 말을 타고 분별의 업을 지어 본성을 가릴 때, 각성의 지혜는 밝은 빛 덩어리 형태로 심장 가운데 머물며 불성佛性, 근본적인 여래장으로 존재한다.
>
> –출처 미상

수행은 얕은 이원적인 마음을 재우고 깊은 각성의 지혜를 깨우는 것입니다!

정신적인 삶의 풍요: 빔의 충만(the plenum of emptiness)

〔평생수행자료〕

> 수행자들은 공空을 일종의 충만充滿으로 경험합니다. 공 때문에 본래의 의식(지혜의 마음)의 빛이 걸림 없이 작용하기 때문입니다.
>
> –출처 미상

방안에 가득 찬 것들을 치워버리면 방이 밝아지고 넉넉해지듯, 그대 마음 속 망상을 비우면 그대 마음도 밝아지고 넉넉해진다네.

비울수록 묘하게도 더 많이(진공묘유眞空妙有)! 이것이 우리들의 밝고 맑은 본성으로 돌아가는 합일의 길이기 때문입니다.

복식호흡을 통해 호흡 수를 줄이면(호흡을 천천히 하면) 몸 안의 바람 에너지가 안정되어 온갖 질병들이 떨어져 나간다고 합니다.

모든 문제의 해답은 줄임과 버림, 비움-이것은 몸에 대해서도 똑같이 적용됩니다. 섭취(채움)보다 배설이 훨씬 더 중요합니다. 비워야 할 것이 몸속에 남아 있으면 독이 쌓여 여러 가지 문제를 일으킬 수 있기 때문입니다. 섬유질이 풍부한 채소와 과일은 이런 점에서 가장 중요한 식품입니다. 필자는 아침은 과일, 저녁은 야채, 점심만 (현미와 잡곡)밥을 먹습니다. 모든 걸 버리는 것이 모든 것과 하나가 되는 길입니다(버림=합일)!

일곱 가지 성스러운 재산(칠성재七聖財)

〔핵심교의〕〔평생수행자료〕

믿음, 지계, 보시, 배움, 양심(남들에 대한 배려), 수치심, 지혜

완전한 믿음은 가피(축복)가 그대에게 들어오게 하네.
마음에 의혹을 여의면, 뭐든 그대가 원하는 걸
성취할 수 있네.

－빠드마쌈바와(Padmasambhava)

계율을 지키는 것(지계)은 우리들을 악도(지옥계, 아귀계, 축생계)로부터 보호해 주며, 선도(천상계, 수라계, 인간계)에 태어나게 합니다.

보시는 가장 무서운 마음의 독인 탐욕을 치료해 주며 사랑을 키워줍니다.

배움은 그릇된 견해(사견邪見)들이라는 적들을 물리쳐줍니다.

남들에 대한 배려는 모든 그릇된 행동을 버리게 합니다.

수치심은 남들에 대한 배려와 함께 도덕적인 행위(지계)의 기반입니다.

지혜는 해탈과 성불로 인도하는 최상의 안내자입니다.

이들 마음의 재산은 무진장하므로 한없는 이득을 가져오지만 물질적인 재산은 덧없을 뿐만 아니라 결국은 고통만 줄 뿐입니다.

믿음과 자비심을 갖고 있으면, 불법佛法에 대해
많이 아는 것이 없고 수행할 기회가 없더라도,
윤회에서 벗어나는 날이 올 것입니다.

–깔루 린뽀체(Kalu Rinpoche)

세상에서 가장 큰 힘은 진리(지혜)와 사랑(자비)의 힘입니다.
이것은 세상 전체의 바탕의 힘이기 때문입니다.

소리 때문에 고통 받는 분들을 위한 가르침

〔핵심교의〕〔평생수행자료〕

생각이 일어남(동動)은 정靜이 움직이는 것이고,
정은 동이 움직이지 않는 것이라고 정의할 수밖에 없으므로, 우리는 움직이지 않는 것이나 움직이는 것을 찾을 수 없다.

–빼마 까르뽀(Pema Karpo)

동과 정은 상대적인 것이므로 독립적으로 존재하는 것이 아니라(공空하다)는 말입니다.

정靜이 움직이는 생각의 동력을 자르게 하라;
생각의 움직임(동動) 속에서 정의 성품(본성) 자체를 보라.
정과 동이 하나인 곳에서, 본래의 마음 유지하라;
일념의 경험 속에서, 육자진언 염송하라.

–빠뚤 린뽀체(Patrul Rinpoche)

동動의 본성은 정靜(동의 부재不在)이므로 동과 정은 하나입니다. 색色과 공空이 하나이듯.

육자진언: 모든 부처님들의 자비심의 정수인

옴 마니 반메 훔(Om Mani Padme Hum)

진언을 가까이하는 것을 잊지 마십시오. 만뜨라(mantra)는 마음(mind)을 정화해서 평화롭고 행복하게 만들어 주는 가장 좋은 수행자원이요 치유자원이며 행복자원입니다.

도인의 자유와 행복으로 가는 길

〔핵심교의〕〔평생수행자료〕

고요 속의 고요는 진정한 고요가 아닙니다.
움직임 속에서 고요가 있을 때에
비로소 보편적인 리듬이 나타나는 것입니다.
−이소룡(Bruce Lee)

움직임 속에서 고요에 도달할 수 있는 분들은 모든 것의 본성을 봄으로써 이원적인 분리의 차원을 넘어 합일에 도달하신 성인聖人 같은 분들입니다.

소리 없는 상태에 도달하기 위해,
새들을 쫓아버리지 않아도 됩니다,
그들이 소리를 낸다고.
움직임 없는 상태에 도달하기 위해,
공기의 움직임이나 강의 흐름을
정지시키지 않아도 됩니다.

다만 그것들을 소리 없는 상태의 일부로 받아들이세요.
새들이 내는 소리와 소리에 대한 우리들의
마음속의 관념(생각)은 별개의 것입니다.
그리고 우리가 이것을 다룰 수 있으면,
새들의 소리는 단지 들을 수 있는 소리 없음이 됩니다.
-최걈 뚱빠(Chögyam Trungpa)

소리는 소리 없는 상태(소리의 공성)의 일부-그러니까 소리(있는 상태)와 소리 없는 상태는 하나의 덩어리 또는 연속체(continuum)입니다. 색色과 공空이 하나이듯이. 우리가 무슨 재주로 이것을 갈라 놓을 수 있겠습니까?

해탈로 가는 길: 가장 높은 가르침

(핵심교의) (죽음준비)

소리를 진언으로 인식하는 것이 염송의 요점이네.
소리를 유쾌하거나 불쾌한 것으로 여기는 집착이
소리의 본성(소리의 공성) 속으로 사라지네.
집착에서 벗어난, 윤회와 열반의
자연발생적인 소리가 육자진언의 소리이네.
소리의 자연해방(자연소멸) 안에서, 육자진언 염송하라.

냄새를 무생〔공성〕으로 인식하는 것이 〔가장 높은 요가의〕
완성 단계의 요점이네.
냄새가 향기롭다거나 더럽다는 분별은 그것의
본성 속으로 해방되네.
집착을 여의면, 모든 냄새는 최상의 관세음의
지계의 향기네.
냄새의 자연해방 안에서, 육자진언 염송하라.

맛을 성찬으로 인식하는 것이 공양의 요점이네.
맛있다거나 맛없다는 맛에 대한 집착은
그것의 본성 속으로 해방되네.
집착을 여의면, 음식물은 최상의 관세음
기쁘게 해 드리는 물질이네.
맛의 자연해방 안에서, 육자진언 염송하라.

감각을 본질적으로 같은 것으로 인식하는 것이
일미一味의 요점이네.
배부름과 배고픔, 더위와 추위에 대한 느낌은 그것의
본성 속으로 해방되네.
집착을 여의면, 모든 감각과 느낌은 붓다의 활동이네.
감각의 자연해방 안에서, 육자진언 염송하라.

–빠뚤 린뽀체

양면성(상반성) contrariness

소멸/생성

블랙홀 정보 패러독스: 물리적 정보는 블랙홀 안에서 '사라질' 수 있어서, 여러 가지 물리적 상태가 진화하여 정확하게 같은 상태가 되게 해 줍니다.

–출처 미상

소멸이 소멸로만 끝난다면 우주는 균형을 잃게 될 것입니다. 그래서 소멸은 그에 맞먹는 생성을 가져옵니다. 죽음이 태어남을 수반하듯이.

소립자/반소립자

아무것도 아닌 것에서 순수한 에너지로부터 소립자가 나타나려면 하나의 구멍 또는 반소립자가 수반돼야 합니다.

–출처 미상

색色(나타난 모습, 현상)의 터전이 공空이듯이, 소립자의 터전은 반소립자라고 볼 수 있습니다. 그러니까 상반되는 것들의 공존이 이 세상을 지탱시키는 비밀입니다. 당신이 적이라고 생각하는 분들이 당신에게 가장 큰 도움이 될 수 있습니다.

행복을 늘릴 탁월한 방법은 싫어하는 것들 속에서 좋은 점을 찾는 것!

〔평생수행자료〕

저는 항상 쇠퇴하는 것을 성장하는 것과 마찬가지로 놀랍고 풍부한 생명의 표현으로 보아왔습니다.

—헨리 밀러(Henry Miller)

어째서 늙음을 슬퍼하는가?

젊음 안에 늙음 있듯 늙음 안에도 젊음 있고, 늙음도 젊음 못지않은 아름다운 꽃이거늘, 모진 세월 견디고 피어난 눈부시게 아름다운 순백純白의 지혜와 사랑의 꽃—여기도 한없는 행복 있는데!

자신의 행복을 늘리는 한 가지 좋은 방법은 자기가 싫어해 온 것들 가운데서 좋은 점들을 찾아보는 것입니다.

모든 사람들은 유용한 것의 유용성은 압니다.
그러나 무용한 것의 유용성•은 아무도 모릅니다.
–장자莊子

큰 것에만 집중하면 작은 것들은 놓쳐버릴 수 있습니다. 때로는 작은 것이 큰 것보다 더 중요할 수 있으므로 우리는 언제나 양면을 다 보고 이용할 수 있는 지혜를 길러야 합니다.

• 무용지대용無用之大用: 쓸모 없음의 큰 쓸모 있음

좋은 것도 나쁜 것도 모두 초월해야 진짜 행복

[핵심교의] [평생수행자료]

적을 증오하지 말고, 친구에게도 애착하지 말라.

—아띠샤(Atisha)

희망도 두려움도 없어 나는 언제나 행복하네.

—밀라래빠(Milarepa)

당신이 어떤 나쁜 것을 보면, 생각하세요.
"나쁜 게 그리 나쁘지 않군." 그리고
당신이 아주 좋은 것을 보면, 생각하세요.
"좋은 게 그리 좋지 않군."

—라마 예쉐(Lama Yeshe)

나쁜 것에도 좋은 점이 있고
좋은 것에도 나쁜 점이 있으니

어느 쪽을 버리고 어느 쪽을 택한단 말인가?

양쪽(또는 양변) 모두 포용하거나 초월하는 것이 합일의 평안과 자유로 가는 길입니다!

허물은 비난하는 자 안에 있어요…
영혼이 보기에는 아무것도 비판할 것이 없어요.

The fault is in the one who blames…
Spirit sees nothing to criticize.

—루미(Rumi)

3
마음 확장
행복 확장

자기 자신의 소중함-자기 사랑
〔평생수행자료〕

내 생을 사랑하지 않고는
다른 생을 사랑할 수 없음을 늦게 알았습니다.
그대보다 먼저 바닥에 닿아
강보에 아기를 받듯 온 몸으로 나를 받겠습니다.
-김선우, '낙화, 첫사랑'

자기 자신을 사랑하는 것이 얼마나 중요한지 아는 순간,
우리는 남들이 고통 받게 만드는 것을 그만둔다.
-붓다

김선우 님의 이 시는 너무도 아름다워 필자는 읽을 때마다 눈물이 납니다. 많은 분들이 이 아름다움 속에서 마음을 씻고 아름다운 사랑을 키워나가길 빕니다.

참된 자기 만족이 모든 만족의 기반이고 참된 자기 사랑이 모든 사랑의 기반입니다. 자기가 자신의 세계의 기반이기 때문입니다.

마음 심心 '마인드mind'

마음은 무한 · 영원

마음은 본성이 공空하므로
가장 큰 공간보다 더 크고 가장 긴 시간보다 더 기니
마음은 공간적으로 무한하고 시간적으로 영원합니다.

그러므로 마음이 만족할 수 있는 행복은
무한하고 영원한 행복뿐입니다.

그러나 무지에 가려 깨닫지 못한 중생들의 마음은
이원적인 분별의 고통 때문에
완전한 합일의 행복을 경험하지 못합니다.

한 생각의 깨끗한 마음이 바로 도량道場이다.
그러므로 그것은 항하의 모래알처럼
많은 칠보의 탑을 만드는 공덕보다 훌륭하다.
보배로 만든 탑은 필경에는 부서져 티끌이 되지마는,
한 생각의 깨끗한 마음은 정각正覺을 이룬다.

-붓다

우리가 마음과 그 속에 품는 생각이 얼마나 중요한지(때로는 얼마나 무서운지) 잘 알아야 하는 이유를 여기서 볼 수 있습니다.

남들에게 유익한 행동을 실제로 하지 않더라도,
남들에게 유익하고 싶다고 소망하는 것만으로도
허공처럼 방대한 공덕을 쌓을 수 있네.

-샨띠데와(Shantideva)

남들에게 이익을 줄 때, 당신은 당신 자신에게
가장 큰 이익을 주는 겁니다.

– 벤저민 프랭클린(Benjamin Franklin)

좋은 마음의 위력!

〔죽음준비자료〕〔평생수행자료〕

단 한 순간의 보리심이
우리가 여러 겁의 악업을 정화할 수 있게 해 줍니다.

–깔루 린뽀체(Kalu Rinpoche)

무수한 중생들을 이롭게 하려는 마음(보리심)이
단 한 순간만 일어나도 악도로 가는 문은 닫히고
천신과 인간계에서 끝없는 지복〔대락大樂〕을 누립니다.

–직메 링빠(Jigme Lingpa)

보리심('깨달음+마음')은 모든 중생들을 '보리(깨달음)'의 행복으로 인도하기 위해 자기가 완전한 깨달음을 얻으려고 하는 참으로 위대한 마음입니다.

무한한 행복으로 가는 길: 네 가지 무한한 마음(사무량심四無量心)

〔핵심교의〕〔평생수행자료〕

모든 중생들이 행복과 행복의 원인들을 가지소서(자慈).
모든 중생들이 불행과 불행의 원인들로부터
벗어나소서(비悲).
모든 중생들이 불행 없는 행복과
결코 헤어지지 마소서(희喜).
모든 중생들이 편견 · 애착과 미움에서 벗어나
평등심에 머무소서(사捨).

각 무량심의 관찰 대상

자무량심– 진정한 행복을 누리지 못하는 것으로 보이는 무량한 중생들

비무량심– 고통을 겪고 있다고 보이는 무량한 중생들

희무량심- 제한된 행복만 경험하고 있다고 보이는 무량한 중생들
사무량심- 애착과 미움 때문에 끝없는 문제와 고통을 겪는 것으로 보이는 무량한 중생들

사무량심 기도를 할 때마다 이들 대상들을 생각하십시오. 필자는 이들 중생들을 생각만 해도 눈물이 납니다. 지금까지 어머니 중생들에게 입은 은혜가 너무 많고 너무도 귀한 가르침을 만난 행운 때문인가 봅니다.

이런 기도를 하시는 분들은 죽음의 과정에서 해탈하시거나 재탄생의 과정에서 좋은 곳에서 태어나실 수 있습니다.

붓다께서 아드님 라훌라에게 가르쳐 주신 사무량심

〔죽음준비자료〕〔평생수행자료〕

라훌라야, 자慈를 실천하여 분노를 극복해라. 자는 남들에게 행복을 가져다 주면서 대가로 아무것도 요구하지 않는다.
비悲를 실천하여 무자비를 극복해라. 비는 남들의 고통을 없애고 대가로 아무것도 기대하지 않는다.
기뻐함(희喜)을 실천하여 미움을 극복해라. 기뻐함이 일어나는 것은 우리가 남들의 행복을 기뻐하고 남들에게 안

녕과 성공을 바랄 때다.
버림(사捨)을 실천하여 (좋고 나쁨 등의) 편견을 극복해라. 버림은 모든 것을 허심탄회하게 평등하게 바라보는 방법이다. 이것이 있는 것은 저것이 있기 때문이다. 나 자신과 남들은 둘이 아니다. 어느 하나를 버리고 다른 것을 쫓지 마라.
나는 이것들을 네 가지 무량한 마음(사무량심四無量心)이라 부른다. 이것들을 실천해라. 그러면 너는 남들을 위한 활력과 행복의 신선한 원천이 될 것이다.
—출처 미상

살아 있을 때 이런 귀한 마음 한 번 내지 못하고 죽는 것은 자기 자신에게 너무도 큰 불이익을 주는 것입니다.

사무량심 수행의 이득

〔핵심교의〕〔평생수행자료〕〔죽음준비자료〕

- 다음 생에 더 높은 윤회의 세계에 다시 태어난다.
- 모든 내생에서 사무량심 수행을 계속하게 되며 완전한 행복을 얻는다.
- 더 좋은 환경에 다시 태어난다.

• 사무량심 수행이 강화되고 자리이타의 두 가지 목표를 성취함

자무량심 → 분노 제거 + 대원경지와 보신報身 완성
비무량심 → 탐욕 정화 + 묘관찰지와 법신法身 완성
희무량심 → 질투 정화 + 성소작지와 화신化身 완성
사무량심 → 어리석음과 오만 정화 + 평등성지와
법계체성지, 자성신自性身 완성

사무량심 → 5독 정화 + 5지五智 완성 + 4신四身 성취

요컨대, 이 수행으로 완전한 행복을 성취하는 붓다가 된다는 말입니다.

마음 키우기(자기 확장) 수행: 여의주보다 더 소중한 가르침

〔핵심교의〕〔평생수행자료〕

불교의 세계관에 의하면 마음에는 시작이 없으며 시간에도 시작이 없습니다. 그러므로 모든 중생들은 무수한 전생과 무수한 어머니를 갖고 있습니다. 중생들 모두가 우리들의 어머니와 다름없습니다. (다음 내용을 만뜨라처럼 익히고 또 익히세요!)

1. 모든 중생들을 자신의 어머니로 인식합니다.
2. 그들의 친절(은혜)에 대해 감사를 느낍니다.
3. 그들의 친절에 대해 보답하기를 원합니다.
4. 이들 셋이 원인이 되어 자심慈心을 일으킵니다.
5. 자심은 비심悲心을 일으키는 원인이 됩니다.
6. 중생들을 위해 노력하는 부담을 자기 자신이 떠안으려는 개인적인 책임감을 일으킵니다.
7. 이로부터 모든 중생들을 위해 깨달음을 얻으려는 마음(보리심)이 일어납니다.

최상의 자리이타自利利他의 길: 자타 평등 수행

〔평생수행자료〕

1. 중생들은 모두 행복을 원하고 고통을 원하지 않는다는 점에서 같습니다.
2. 무시이래로 수없이 윤회해 오는 동안 우리가 되어보지 않은 중생은 세상에 아무것도 없습니다. 우리는 수없이 개나 소, 말이나 사슴, 물고기나 벌레의 몸도 받았습니다. 이것이 우리가 모든 중생을 평등하게 대해야 할 또 하나의 이유입니다.
3. 무수한 윤회의 과정에서 우리의 친구가 아니었던 중생이 없고, 우리의 적이 아니었던 중생도 없답니다. 그러므로 친구와 적을 구별하는 것은 무의미합니다.
4. 중생들은 모두 불성佛性을 갖고 있습니다. 다시 말해, 그들은 결국은 이 세상에서 가장 귀한 존재인 붓다가 될 분들입니다.

"모든 중생들은
불성의 자식들이니
깨달으소서!
마음의 궁극적인 본성은
지혜와 자비가
함께 하는 기쁨 속에 있음을." (핵심교의)

전쟁과 기아, 질병과 재난, 온갖 종류의 신체적 · 정신적 고통으로 시달리는 이 시대에는 심지어 한 순간 남들의 행복에 대해 생각만 해도 상상할 수 없는 공덕을 가져옵니다.

–딜고 켄체 린뽀체

성인聖人들의 행복으로 가는 길:
자타 교환 수행
〔핵심교의〕〔평생수행자료〕

'나'는 악업惡業의 뿌리이니
이것은 단호히 버려야 하네. 〔자아(분리) 포기〕
'남(중생)'은 깨달음의 원천이니
이것은 열렬히 받아들여야 하네. 〔이타(합일) 실천〕
—쎌링빠(Serlingpa)

일생 동안 이 수행 하나만 해도 시간이 모자랄 수 있습니다. 우리는 그 동안 너무 자기 자신만 받들어왔기 때문입니다. 두고두고 익히십시오. 날마다 수십 번, 수백 번, 수천 번, 아니 수만 번이라도! 자기 자신이 완전히 바뀔 때까지!

자기 자신을 남들과 바꾸는 것이
부처님 가르침의 핵심이라 합니다.
—싸꺄 빤디따(Sakya Pandita)

잘 생각해 보시면 지금까지 무시이래로 자신을 구속해 온 자아에서 벗어나서 영원한 자유를 얻을 수 있는 길이 바로 여기에 있음을 알 수 있을 것입니다.

> 자기와 남들을 바꾼다는 것의 의미는 우리가 남이 된다는 것이 아닙니다. 이것이 의미하는 것은 우리가 귀하게 여기는 대상을 자기로부터 남들로 바꾼다는 것입니다.
>
> -게쉐 껠상 갸초(Geshe Kelsang Gyatso)

관계 개선을 위한 사회적인 자타 교환 수행 운동
〔평생수행자료〕

모든 관계상의 갈등과 문제는 자기중심적인 생각이나 행동이 원인입니다. 그러므로 서로가 입장을 바꿔놓고 생각해 보거나 역할을 바꿔놓고 겪어보면 고부간의 갈등이나 노사 갈등 같은 문제들이 해소되고 관계 개선이 이뤄질 수 있을 것입니다.

'역지사지易地思之': 처지(입장)를 바꿔놓고 생각해 봄

이 말은 우리에게도 이런 전통이 있음을 얘기해 줍니다.

그리고

"개구리 올챙이 시절 모른다."
"과부 마음 과부만이 안다."

이런 말은 우리들에게 이런 훈련이 왜 필요한지 잘 보여줍니다.

"남성다운 남자들에서 가장 아름다운 것은 여성적인 점이고,
여성다운 여자들에서 가장 아름다운 점은 남성적인 점이네."

이것은 우리들에게는 양면이 있으므로 노력만 한다면 이 훈련에 성공할 수 있다는 것을 보여줍니다.

이런 관계 개선을 위한 노력은 모든 동물과 식물들에게는 물론 무생물과 온 우주 전체로 확장되어야 합니다. 우주 전체가 우리들의 터전이기 때문입니다.

무한한 사랑과 자비 수행: 주고받기(똥렌TONGLEN)

〔핵심교의〕〔평생수행자료〕

어떤 스승님들은 이 수행만으로도 매우 높은 경지에 오르셨다고 합니다. 받기는 사랑〔자심慈心〕을, 주기는 연민〔비심悲心〕을 기르기 위한 것입니다.

모든 고통은 자기 자신의 행복을 바라는 데서 옵니다.
완전한 부처님들은 남들을 도우려는 생각에서
태어납니다.
그러므로 자기 자신의 행복을 다른 이들의
고통과 바꾸십시오.
이것이 보살들의 수행입니다.

―걀세 똑메 쌍뽀(Gyalsay Togme Sangpo)

내가 읽은 모든 심오한 가르침들 중에서 이것만을
나는 이해했을 뿐입니다. 모든 해악과 슬픔은
내가 한 것이고,
모든 이득과 장점들은 남들 덕분이라는 것.
그래서 나는 모든 나의 이득은 남에게 주고,
모든 손실은 내가 떠안습니다.

–랑리 땅빠(Langri Tangpa)

남들의 악업은 저의 고통으로 익고
모든 저의 선업은 남들의 행복으로 익으소서.

–까담빠(Kadampa) 스승님들의 기도

행복할 때 저는 저의 공덕을 모두에게
회향하겠습니다.
이득과 행복이 온 세상에 모두 퍼지소서!
고통 받을 때 저는 모든 중생들의 고통을
떠안겠습니다.
고통의 바다가 말라 버리소서!

–샤카슈리(Shakyashri)

남들의 고통 떠안기 수행의 엄청난 이득
〔평생수행자료〕

남들의 고통을 우리들 자신이 떠안으면 우리의 불성佛性의 힘이 분출됩니다. 이 힘은 모든 악업을 정화시키고 가장 이기적인 미움까지도 비이기적인 사랑으로 바꿔줍니다.

남들의 고통을 없애주려면 (상대적 보리심이 요구됨) 먼저 자기 자신이 공성(궁극적 보리심)을 깨달아서 모든 고통에서 벗어나야 합니다. 그러므로 남들에게 행복을 주고 자기 자신은 그들의 고통을 떠안는 것은 매우 심오한 수행입니다.

주고받기 수행의 여러 가지 이득

모든 중생들의 고통을 떠안는 수행은 다섯 가지 중요한 이득이 있습니다.

1. 우리의 악업(불행 자원)이 정화됩니다.
2. 우리의 공덕(행복 자원)이 증가합니다.
3. 우리의 자비심이 더 견고해집니다.
4. 우리는 견고한 마음을 갖게 되어 역경을 용감하게 견디며,
5. 우리의 비심이 마침내 붓다의 대비大悲로 바뀝니다.

이 수행을 부지런히 하면 한 생生에 성인聖人의 첫 지위인 보살 초지까지 오를 수 있다고 합니다. 이것은 우리의 불성佛性을 일깨워 주는 탁월한 수행이기 때문입니다.

주고받기 수행의 놀라운 치유 효과

〔평생수행자료〕

주고받기 수행은 아주 효과적으로 질병을 치유할 수 있습니다.

남들의 질병과 고통을 자비심을 갖고 떠안음으로써 우리는 우리의 질병이 계속되게 만드는 악업을 정화할 수 있습니다. 사랑은 모든 부정적인 것들을 긍정적인 에너지로 바꿔주기 때문입니다.

제가 티베트에서 들은 기억에 의하면, 많은 비범한 사람들이 있었습니다. 이들은 자기들이 죽을병에 걸렸다는 것을 알자, 자기들이 가진 것을 모두 주어버리고 공동묘지에 죽으러 갔답니다. 거기서 그들은 남들의 고통을 떠안는 수행을 했는데, 놀랍게도 그들은 죽지 않고, 집으로 돌아왔다는 것입니다. 질병이 완전히 치유되어.

–소걀 린뽀체(Sogyal Rinpoche)

살아가면서 삼독 중의 하나가 일어나면, 주고받기 수

행을 해야 합니다. 당신의 탐욕과 미움과 미혹을 단지 보기만 하세요. 당신은 그것들을 문제로 간주하지 않습니다.

당신이 미움 속에 있을 때 이렇게 말합니다. "이 미움이 저의 수행의 기반이 되소서. 저의 미움을 저 자신에게만 잡고 있음으로써 모든 중생들은 미움으로부터 벗어나소서."

–최걈 뚱빠(Chögyam Trungpa)

수행자에겐 미움도 남들을 위한 사랑의 자원이 됩니다!

호흡을 통한 주고받기 수행

〔핵심교의〕〔평생수행자료〕

기초과정

당신이 숨을 들이쉴 때, 온 세상(당신 자신을 포함해서)의 모든 슬픔과 아픔과 악업을 받아들여 당신의 가슴속으로 흡수하십시오.

당신이 숨을 내쉴 때, 모든 당신의 기쁨과 행복을 토해내어 온 세상을 축복하십시오.

고급과정

숨을 들이쉴 때, 모든 중생들의 고통과 어려움과 그들의 마음의 흐름(mindstream) 속에 들어 있는 섬세한 습기까지도 떠안습니다. 우리는 이것들이 검은 빛의 모습으로 우리의 왼쪽 콧구멍을 통해 들어와서 우리의 이기심과 그릇된 자아에 대한 관념(이것들이 우리의 가슴에 덩어리로 뭉쳐 있다고 상상함)을 파괴한다고 생각합니다. 이제 중생들은 모든 자신들의 문제로부터 벗어나서 붓다의 행복을 성취한다고 상상합니다.

동시에 우리의 아집의 무지(모든 것이 실재한다고 보는 그릇된 생각)와 이기심이 점점 약해져서 완전히 사라진다고 생각합니다.

숨을 내쉴 때, 우리는 우리의 몸과 재산과 삼세에 걸쳐서 쌓은 공덕을 중생들에게 주어서 그들이 모든 어려움을 극복하고 마침내 붓다의 행복을 모두 성취하는 것으로 상상합니다. 차츰 훈련하여 이 수행이 들숨과 날숨처럼 자연히 이루어지면, 호흡 자체가 매우 강력해지며 선업이 됩니다.

모두가 함께 성인, 붓다의 행복으로 가는 길이 여기에 있습니다.

그렇게 소인처럼 행동하지 말아요.
당신은 황홀하게 움직이는 우주예요.

Stop acting so small.
You are the universe in ecstatic motion.
–루미(Rumi)

참으로 대단합니다. 어디에서 또 이런 크고
황홀한 가르침을 쉽게 만날 수 있을까요?
자기 자신이 너무 초라하게 느껴질 때 루미의 세계
속으로 잠시 들어가 보십시오.

4
기본적인 죽음 공부

인생의 두 길-대인의 길, 소인의 길

〔평생수행자료〕〔핵심교의〕〔죽음준비자료〕

1. 지혜 → 사랑(합일의 길) = 선善의 길 = 대인大人의 길 → 이타적인 길 → 큰 행복 + 작은 고통
   사후 → 삼선도三善道(천상계, 수라계, 인간계) → 해탈의 행복〔성공한 인생〕
2. 무지[●] → 미움(분리의 길) = 악惡의 길 = 소인小人의 길 → 이기적인 길 → 작은 행복 + 큰 고통
   사후 → 삼악도三惡道(축생계, 아귀계, 지옥계) → 윤회의 고통〔실패한 인생〕〔삼선도 + 삼악도 = 육도六道〕

무시이래 지금까지 윤회해 오면서 우리가 한 번도 안 태어나 본 곳이 없으니 지구 전체가 우리들의 집이요, 고향인데 금생의 집

● 무지: 궁극적인 진리(모든 것은 원인과 조건에 따라 일어날 뿐 독립적으로 존재하는 것은 없다는 것)와 인과 법칙(선업은 행복을, 악업은 고통을 가져온다는 것)을 모르는 것.

과 고향만 자기 것인 줄 알고 금생의 가족만 자기 가족으로 챙기는 분들은 소인들이니 그들이 누릴 수 있는 것은 진정한 행복이 아닙니다. 이기적인 행동은 남들에게는 물론 자기 자신에게도 결국은 엄청난 해를 끼칩니다.

지난해의 어머니도 우리들의 어머니라면 전생의 어머니들도 모두 다 우리들의 어머니입니다. 이렇게 보면 개나 벌들까지도 모두 우리들의 가족입니다. 세계 전체를 자신의 집으로 여기며 모든 중생들을 소중한 가족으로 섬기는 큰 분들에게는 개인적인 고통은 없고 한없는 사랑의 기쁨만 있을 뿐입니다.

마음속에 조금이라도 미움이나 원망이 남아 있는 한 우리들은 고통 속에 갇혀 있는 것입니다. 참된 행복의 길은 가슴 속을 사랑과 감사로 가득 채우는 것입니다. 그 사랑이 철철 흘러 넘쳐 주위에 있는 모든 분들, 동물들이나 식물들까지도 행복해지도록.

잘 찾아보시면 가까운 곳에서 훌륭한 행위의 본보기를 찾을 수 있습니다. 필자는 최근에 전화로 어떤 젊은 여성 회사원의 도움을 받게 되었는데, 그녀의 목소리를 통해 저는 그녀의 넘치는 사랑의 기운을 듬뿍 받을 수 있었습니다. 저는 이런 분들을 저에게 사랑을 가르쳐 주시는 소중한 스승님들로 삼는답니다. 이런 식으로 자기가 닮고 싶은 좋은 분들을 찾아 그들처럼 되려고 노력해 나간다면 언젠가는 우리들 자신의 인품과 행복도 완성될 것입니다.

죽음에 대한 오해로부터 벗어나기

영원한 생명으로 가는 첫 걸음은 죽어야 하는 것이다.
—척 팔라니억(Chuck Palahniuk)

우리가 우리의 마지막이라고 두려워하는 날은
단지 영생永生의 생일일 뿐이다.
—세네카(Seneca)

우리의 삶은 이상향을 꿈꾸고, 우리의 죽음은
이상을 성취한다.
—빅토르 위고(Victor Hugo)

젊고 활력이 있을 때 죽는 것이 가장 잘 죽는 것이다.
—호머(Homer)

죽음은 우리에게 아무것도 아니다. 왜냐하면 우리가 살아 있을 때 죽음은 오지 않았고, 죽음이 왔을 때, 우리는 없으니까.
—에피큐러스(Epicurus)

"죽음은 영원한 잠, 영면永眠이다."

이런 말들은 모두 무지의 소리이거나 궤변입니다. 지금도 여전히 세상은 이런 무지와 궤변으로 덮여 있습니다. 학자들도 대부분! 예를 들어, 고인에게 "편히 잠드소서!"라고 기원하는 것은 오히려 해가 될 수 있습니다. 왜냐하면 죽음의 과정에서 의식은 또렷이 깨어 있어야 해탈하거나 좋은 곳을 찾아가 다시 태어날 수 있는데, 그렇지 않으면 지옥 같은 곳으로 떨어질 수 있기 때문입니다.

완전한 깨달음과 수행에 관한 한 학자들은 일반인들보다 조금도 더 나은 것이 없으며 오히려 더 불리할 수 있습니다. 세속적인 지식은 장애가 될 수 있기 때문입니다. 그러니 '무식한 것'을 부끄러워할 필요가 없습니다. 단순한 분들이 더 빨리 깨달음에 도달할 수 있습니다. 사실 이런 분들 중에는 이미 성인이나 다름없는 분들이 많습니다.

무지는 삼악도三惡道의 고통으로 가는 길이니 언제나 지혜와 사랑의 길을 찾아야 합니다. 언제 어디에나 더 나은 길과 더 나은 세계가 있다는 것을 잊지 마십시오.

영생永生과 영면永眠은 없다!

깨닫기 전

삶과 죽음은 우리가 완전한 깨달음을 얻을 때까지 계속 반복되므로 삶도 일시적이고 죽음도 일시적입니다. 그러므로 깨닫지 못해 윤회하는 중생들에게는 영원한 삶도 영원한 죽음도 존재하지 않습니다.

깨달은 후

궁극적인 진리(공성空性)를 깨달아 성인聖人이 되신 분들은 윤회세계의 삶과 죽음으로부터 해방됩니다. 그러므로 이분들에게도 영원한 삶도 영원한 죽음도 없습니다.

인생의 목적

완전한 깨달음을 얻기 전에는 아무도 윤회세계의 고통에서 벗어날 수 없습니다. 그러므로 우리들이 살아가는 목적은 깨달음을 성취하여 모든 고통에서 벗어나는 것입니다. 이런 관점에서 볼 때 자각하든 못하든, 모든 중생들은 깨달음을 향해 나아가는 수행자들입니다. 더 나아가서, 우리들 자신이 완전한 깨달음의 행복을 성취할 뿐만 아니라 다른 모든 중생들까지 거기로 인도하는 것이 우리들의 삶의 가장 위대한 목적입니다.

우리들은 모두 참으로 위대한 존재, 이미 성인聖人이거나 앞으로 성인이 될 분들입니다. 이런 사실을 명심하고 모든 중생들을 성인으로 여기는 분들은 항상 성인의 사랑과 기쁨으로 충만합니다.

참된 수행자들에게 모든 것은 성스러움과 경이로움, 아름다움과 기쁨입니다! 한 동안 시력을 잃었다가 되찾은 분처럼 세상을 새로운 눈으로 바라보십시오.

그러나 불행하게도 세상에는 완전한 깨달음과 진정한 행복과는 반대방향으로 가는 분들이 많습니다. 바른 방향으로 돌아오려면 이들은 엄청나게 많은 고통을 거쳐야 한다는 것을 알아야 합니다. 바른 길을 가는 분들과 수행자들이 행운아들인 까닭이 바로 여기에 있습니다. 이들은 최소의 고통과 최대의 기쁨을 누리면서 완전한 깨달음에 도달할 수 있기 때문입니다.

당신의 지식은 어느 수준에 있습니까?

1. 현상적 지식: 존재(유有)와 비존재(무無)라는 개념에 묶여 있고 무생無生이라는 개념을 두려워하는 무지하고 어리석은 사람들의 지식〔일반인들의 피상적인 지식〕
2. 상대적 지식: 분별적인 논리와 상상으로 배열하고 결합하며 분석하는 지식〔철학자들의 이원적인 지식〕
3. 완전한 지식: 일체가 마음의 현현顯現에 불과하다는 것을 깨달은 보살님들의 지식. 이들은 공성空性과 무생無生, 무아無我● 를 이해하며 존재와 비존재, 무생無生과 무멸無滅 등의 이원론(분별)을 완전히 여의고 무아와 무상無相●을 체득하신 분들입니다.〔성인聖人들의 합일적인 지식〕
4. 초월적 지식: 윤회의 세계에서 완전히 벗어난 보살님들과 부처님들의 지식〔가장 높은 성인들의 지식〕

● 무아 = 공성 → 무생(空공한 것은 생도 없고 멸도 없음).
● 무상無相(공한 것, 실재하지 않는 것은 모양 · 특색도 없음).

1과 2는 윤회의 세계의 지식이고, 3과 4는 열반의 세계의 지식입니다.

1과 2(그럴듯해 보이지만)의 지식은 모두 불완전한 것이므로 우리들을 진정한 행복으로 인도해 줄 수 없습니다. 3과 4의 지식만이 우리들을 완전한 깨달음과 진정한 행복으로 이끌어줄 수 있습니다.

그러므로 우리들이 스승님들로 모셔야 할 분들은 모두 3과 4의 지식을 터득하신 분들과 그들의 제자들뿐입니다. 3과 4에 속하는 책들은 이 세상에 나와 있는 전체의 책들 중에 아마 수억 분의 1에도 미치지 못할 것 같습니다. 그러니 이런 귀한 책들을 만나는 것은 보통 행운이 아닙니다! 허나 이 행운은 각자 자기 자신의 수행과 선업을 통해서 만든다는 것을 잊지 마십시오.

합일 수행자는, 모든 것이 마음이라는 것을 깨달아서,
(자기 앞에) 나타나는 모든 것을
도우미(친구)로 여기므로, 항상 행복하다.
–밀라래빠

세상에서 가장 중요한 두 가지 존재 이야기

〔핵심교의〕〔평생수행자료〕

1. 상호의존적인 존재(interdependent existence) = 무아〔긍정의 대상〕 → 연기 → 합일(사랑)로 가는 길

모든 것은 원인〔인因〕과 조건〔연緣〕에 의지해 일어나〔연기緣起〕 머물다 사라집니다. 연기는 모든 존재가 하나로 연결되어 있다는 것을 보여줍니다. 그러니까 모든 존재는 하나의 덩어리나 마찬가지이고 모든 중생은 하나의 가족입니다. 연기를 통해 우리는 우주 전체와 합일로 가는 큰 지혜와 사랑을 배울 수 있습니다. 〔연기 ← 인연생기因緣生起〕

2. 독립적인 자기존재(independent self-existence) = 고유한 존재(inherent existence) = 자성自性(self-nature) = 자아〔부정의 대상〕 → 공성 → 해탈(지혜)로 가는 길

모든 것은 다른 것들에 의지해서 존재하므로 독립적으로 존재

하는 것은 아무것도 없습니다. 이런 존재가 없다는 것을 보여주는 말이 무아無我, 공空 또는 공성空性입니다. 그러나 이런 것을 깨닫지 못한 사람들은 자기 자신과 자신에게 속하는 것들이 마치 독립적으로 존재하는 것처럼 믿고 집착합니다. 문제는 바로 여기에서 시작됩니다. 실재하지 않는 것을 실재하는 것으로 믿고 집착하는 데서 우리들의 모든 문제와 고통이 나옵니다. 그러므로 모든 문제와 고통에서 벗어나려면 자아가 실재하지 않는다는 것(무아)을 확실히 깨달아서 익히고 또 익혀야(수행해야) 합니다.

> 연기와 공성은 참으로 위대한 가르침입니다. 왜냐하면 연기를 통해서는 전체와 하나가 되는 길을, 공을 통해서는 모든 것으로부터 벗어나는 해탈의 길을 만날 수 있기 때문입니다.

남들을 행복하게 하면 그만큼(혹은 그 이상으로) 자기 자신도 행복해지고, 남들을 불행하게 하면 자기도 그렇게 되는 법 – 이것이 연기의 법칙입니다!

한 분이라도 더 불행으로부터 구해주는 것이 세상의 불행을 줄이고 한 분이라도 더 행복하게 만드는 것이 세상의 행복을 늘리는 길, 이것이 곧 자신의 불행을 줄이고 자신의 행복을 늘리는 지혜와 사랑의 길입니다.

그대 마음 사랑으로 채우면 그대 곁에도 사랑으로 가득한 분들 모여들고 그대 마음 미움으로 넘치면 그대 곁에도 그런 분들로 넘치리라는 걸 잊지 마십시오.

우린 모두 행운아! 무아(공성)를 깨달으면 모든 집착과 소원이 사라져 한없는 자유로움과 기쁨을 얻습니다. 이 가르침은 세상에서 가장 큰 행복으로 인도해 주므로 이 세상 모든 재물보다 더 가치 있으니, 이런 가르침 만난 행운의 수행자들보다 더 큰 부자는 없습니다!

영원한 사랑의 비밀

저는 저의 친구들을 저의 가슴으로도
저의 마음으로도 사랑하지 않아요.
심장은 멈추고, 마음은 잊어버릴 수 있어,
저는 그들을 저의 영혼으로 사랑해요.
영혼은 결코 멈추거나 잊지 않아요.
–루미(Rumi)

영혼은, 불교의 용어로는, 영원히 소멸하지 않는
가장 섬세한 마음입니다.

죽음에 대비하는 길: 구루(스승) 요가(합일 수행) 기원문

〔핵심교의〕〔죽음준비자료〕

- 자주 읽고 생각해 보세요.

자기 마음이 무한한 붓다의
진리의 몸(법신法身)임을 모르고
무지(delusion)와 미혹(confusion)으로
윤회 속을 휘몰리는,
고통 속에 빠져 있는 중생들은 가엾도다.
그들 모두 붓다의 법신 얻게 하옵소서.

자기 마음이 지복의 붓다의 보신報身임을 모르고
탐착(attachment)과 애욕(craving)으로
윤회 속을 휘몰리는,
편견에 묶여 있는 중생들은 가엾도다.
그들 모두 붓다의 보신 얻게 하옵소서.

자기 마음이 자유자재로 생멸하는 붓다의

화신化身임을 모르고
미움과 이원적 분별로 윤회 속을 휘몰리는,
그릇된 견해를 가진 중생들은 가엾도다.
그들 모두 붓다의 화신 얻게 하옵소서.

자기 마음이 붓다의 세 몸과 하나임을 모르고
별개로 보는 두 가지 장애(번뇌장과 소지장)에 가려져
아직도 깨닫지 못한 중생들은 가엾도다.
그들 모두 부처님의 삼신三身 얻게 하옵소서.
—빠드마쌈바와(Padmasambhava)

번뇌장은 탐욕과 미움 같은 해탈을 막는 정서적인 장애(affective obscuration)이고, 소지장所知障은 성불, 일체지一切智를 막는 인지적인 장애(cognitive obscuration)입니다. 번뇌장을 극복하면 아라한이, 소지장을 극복하면 부처님이 된답니다!

모든 것은 마음의 현현

〔핵심교의〕〔죽음준비자료〕〔평생수행자료〕

- 자주 읽고 생각해 보세요.

"나타나는 것은 모두 마음의 현현(나타남)이네.
나타나는 생명이 없는 주위환경(무정無情)도 마음이네.
나타나는 육도六道의 중생, 유정有情들도 마음이네.
나타나는 삼선도의 인간과 천신들의 기쁨도 마음이네.
나타나는 삼악도三惡道의 고통도 마음이네.
무지의 번뇌인 5독毒으로 나타나는 것도 마음이네.
스스로 일어나는 본래의 지혜인 각성覺性도 마음이네.
열반의 성취에 도움이 되는, 나타나는 좋은 생각들도 마음이네.
나타나는 마군과 사귀邪鬼들의 장애도 마음이네.
묘하게 나타나는 부처님들과 수행의 성취도 마음이네.
나타나는 다양한 종류의 청정한 견해도 마음이네.
나타나는 무분별(합일)의 일념안주一念安住도 마음이네.
나타나는 대상의 고유한 색깔도 마음이네.
나타나는 것들은 상相이 없고 희론(헛된 분별)이 없음도 마음이네.

나타나는 하나와 다수(다수는 하나들의 모임)가 둘이 아님도 마음이네.

나타나는 존재(유有)와 비존재(비유非有=무無)의 증명할 수 없음도 마음이네.

나타나는 것들은 모두가 마음에서 일어나네.

막힘없는 마음의 본성이 온갖 방식으로 나타나지만,

이들 현상은 일어나더라도 이들은 둘이 아니고,

그들은 저절로 마음의 본성(공성) 속으로 사라지네.

바다의 물에서 일어나는 물결이 물속으로 사라지듯."

사랑으로 가득 찬 마음으로 보면 모든 게 사랑과 기쁨!

인생의 큰 그림

〔죽음준비자료〕〔핵심교의〕〔평생수행자료〕

내심內心 = 외경外境
inner mind = outer objects

온 세상의 인명을 구제하는 것보다 잠깐 동안
마음을 단정히 하고 바로잡는 것이 더 중요하다.
–붓다

내심을 완전하게 닦으면 외경은 따라서 완전해지게 마련입니다. 그래서 내심수련이 가장 중요한 일입니다.

우리가 남들에게 최선을 줄 수 있는 것은
우리가 우리들 자신의 내부에 있는
최선과 닿아 있을 때입니다.
–출처 미상

내부 마음을 닦는 것은 한편으론 우리들 자신을 위한 것이지만, 다른 한편으론 남들에게도 도움을 주기 위한 것입니다.

> 〔자기가 수행의 대상으로 관상觀想하는〕 붓다가 자기가
> 경험해야 할 외부 대상(외경)이 아니라, 〔자기 자신의〕
> 지혜(내심)의 자연적인 표현이라는 것을 깨달으면,
> 습관적인 행동 유형은 분별(이원)적인 사고와
> 함께 사라질 것이다.
>
> –직메 링빠(Jigme Lingpa)

붓다를 관상하는 목적은 자기 자신이 붓다임을 깨닫는 것입니다.

사람들이 남들을 괴롭히는 까닭

첫째, 그들 자신의 마음이 괴로움에 시달리기 때문입니다. 내심의 고통이 외경을 고통스럽게 만드는 것입니다. 자기 자신의 마음이 사랑과 행복으로 가득 찬 사람들은 남들을 괴롭히지 않습니다.

남들을 괴롭히는 분들은 지혜와 사랑이 부족해서 행복을 느끼지 못하므로 그들을 지혜와 사랑의 길로 인도하여 그들의 마음을 행복하게 해 주는 것이 그들을 위해 우리들이 할 수 있는 최선입니다. 세상의 행복은 늘리고 불행은 줄여나가기 위해 각자 최선을 다하는 것이 생명과 사랑의 공동체의 주민 우리들 모두의 첫째 사회적 의무입니다.

둘째, 인과법칙에 대한 무지 때문입니다. 남을 괴롭히면 자기가 그보다 더 많은 고통을 받는다는 것을 잘 안다면 그런 행동을 하지 않을 것입니다.

셋째, 스스로 알아차림(self-awareness)이 부족하기 때문입니다.

의식이 깨어있는 사람들은 남들을 괴롭힐 수 없습니다. 그런 분들은 자기가 어떤 짓을 하고 있는지 잘 알기 때문입니다. 반면에 이런 자각이 없는 사람들은 자기 자신도 모르게 남들을 괴롭힐 수 있습니다, 술 취한 분들이 종종 폭력을 휘두르듯이.

넷째, 남들의 가치를 모르기 때문입니다. 직접적으로나 간접적으로 남들로부터 도움을 받지 않고서는 아무도 살아갈 수 없습니다. 우리는 태어난 것부터 부모님의 신세를 졌고 자립할 수 있게 된 것도 두 분이 길러주신 덕택입니다.

그리고 멀리 내다보면 무시이래 윤회해 오면서 한 번이라도 우리들의 부모가 아니었던 중생은 아무도 없습니다. 우리가 아무 거리낌 없이 죽이는 파리나 모기까지도 어느 땐가 우리의 가족이었고 언젠가는 성불할 귀한 중생들입니다. 뿐만 아니라 우리가 완전한 깨달음과 행복을 성취하려면 반드시 남들을 자기 자신보다 더 귀하게 여기는 마음이 있어야 합니다.

이런 마음이 자비심과 보리심입니다. 그러므로 우리는 명심해야 합니다. 우리들의 행복의 출발점이자 완성점이 바로 남들, 중생들 모두라는 사실을! 남들은 모두 나의 다른 모습들입니다. 그들 역시 자기 자신들에게는 '나'이니 우린 모두 '나' 한 몸입니다.

유일한 구원은 사랑

그대는 아주 잘 알고 있습니다, 그대 내면 깊이, 세상에 있는 유일한 마력, 단 하나의 힘, 단 하나의 구원이 있는데… 그걸 사랑이라고 한다는 것을.

네, 그렇다면, 그대의 고통을 사랑하세요. 거기에 저항하지 말고, 거기에서 달아나지 말아요. 그대를 괴롭히는 것은 그대의 미움이지, 다른 것이 아니에요.

–헤르만 헤세(Herman Hesse)

모든 걸 보세요, 마치 당신이 처음이나 마지막으로
그걸 보는 것처럼, 그럼 지구상에서의 당신의 시간은
영광으로 가득 찰 겁니다.

–출처 미상

언제나 감사하며 기도하는 마음으로 모든 일에 대하는 것–이 생의 마지막 순간까지는 물론, 죽음의 과정을 거쳐 좋은 곳에서 다시 태어날 때까지– 이것이 최상의 행복으로 가는 길입니다.

인생의 세 가지 중대사
〔평생수행자료〕

1. 내생來生에 대해 준비하는 것
2. 고통의 세계, 윤회로부터 벗어나는 것(해탈解脫)
3. 모든 중생들을 위해 완전한 깨달음을 얻는 것(성불成佛)

만일 이 셋 모두가 당신의 인생에서 빠져 있다면 당신은 인생을 잘못 살아가고 있는 것입니다. 내생에 대한 준비는 잠시도 미룰 수 없는 가장 시급한 일입니다. 왜냐하면 나이나 건강에 상관없이 누구에게나 내생이 내일보다 먼저 올 수 있기 때문입니다.

시간적인 시야 확대: 우리들의 삶은 깨달음의 과정

전생=무수無數에 가까운 다수

금생=단수(하나)

내생=무수에 가까운 다수일 수 있음(완전한 깨달음을 얻으면 윤회에

서 벗어나므로 내생은 끝남)

금생의 당신의 모습은 당신의 모든 생의 모습과 가능성의 수만 분의 1도 되지 않으므로 금생의 경제적인 성공과 실패라는 하찮은 세속의 잣대로 당신을 평가해서는 안 됩니다. 비록 금생에 사는 것이 여러 가지로 어렵더라도 멀리 내다보면서 당신 자신을 성장시켜 나가야 합니다. 인생에서 정신적인 발전보다 더 중요한 것은 없습니다. 정신적인 성장은 내생으로 이어지지만 물질적인 성공은 모두 금생에서 끝나버리기 때문입니다.

큰 안목을 가진 분, 대인大人들은 눈앞의 작은 일에 빠지지 않습니다!

이생만 생각하는 무서운 과보

〔평생수행자료〕〔핵심교의〕〔죽음준비자료〕

내게 묻는다면 이생만 생각하는 결과가 어떤 것인지.
그러면 내가 그대에게 말해 주리다.
그것은 이생의 결과일 뿐이라고.
내게 묻는다면 그대의 다음 생에 무슨 일이 일어날지.
그러면 내가 그대에게 말해 주리다.
그대는 다시 태어나리라고,
지옥중생이나 아귀餓鬼나 동물로.
—아띠사(Atisha)

이생만 생각하면 다음 생엔 삼악도로 간다는 경고입니다.

금생에 집착하면 다르마 수행자가 아니네.
이 세상에 집착하면 출리심이 아니네.
자신의 행복에 집착하면 보리심이 아니네.
자아가 실재한다고 믿으면 정견이 아니네.
—문수보살(Manjushri)

자아가 실재한다고 믿으면=자아가 실재한다는 믿음(견해)에 집착하면. 정견〔正見: 바른 공관空觀, 공성에 대한 바른 견해〕. 출리심은 해탈로, 보리심은 성불로 인도합니다!

금생은 하나뿐이고 내생은 다수이니 금생에만 집착하는 것은 어리석고, 이 세상에만 집착하면 윤회의 고통에서 벗어날 수 없으며, 자신의 행복에만 매달리면 더 큰 깨달음의 행복을 성취할 수 없고, 자아가 실재한다고 믿으면 온갖 고통으로부터 해방될 수 없습니다. 모든 고통은 아집我執에서 나오기 때문입니다. 〔아집(self-grasping=자아가 실재한다는 믿음〕

사후에 우리들이 갈 수 있는 세계의 종류

〔죽음준비자료〕〔평생수행자료〕

Ⅰ. **불국정토**: 윤회를 벗어난 부처님들이 머무시는 곳〔모든 중생들의 최종 목적지〕

Ⅱ. **윤회의 세계**: 완전한 깨달음을 얻지 못한 중생들이 머무는 곳

1. 무색계無色界: 신체가 없고 마음만 있는 중생들이 머무는 곳
2. 색계色界: 네 개의 선정禪定의 세계
3. 욕계欲界: 식욕, 성욕 같은 욕망이 지배하는 세계

(삼계三界 = 욕계, 색계, 무색계)

1) 천상天上, 천상계

2) 대지大地

⑴ 수라계

⑵ 인간계

⑶ 축생계

⑷ 아귀계

(5) 지옥계(육도六道 = 천상계, 수라계, 인간계, 축생계, 아귀계, 지옥계)

해탈이나 성불을 원하는 수행자들은 색계나 무색계의 신神으로 태어나는 것을 원하지 않는답니다. 왜냐하면 이 신들은 출리심이나 보리심을 일으키지 못하며 공성의 부정의 대상(the negated object of emptiness)인 독립적인 자기존재(independent self-existence) 또는 고유한 존재(inherent existence)를 인식할 수 없기 때문입니다. 이것을 통해 우리는 인생의 소중함을 확실하게 깨달을 수 있습니다.

고유한(독립적) 존재는 부정해야 할 대상이라는 것, 다시 말해, 실재하지 않는(공空)다는 것-잊지 마십시오.

불성佛性은 모든 중생들 안에 존재한다.
지성에 의해 포장된 정도에서 벗어난 길을 버리고
가슴(심장)의 근본적인(바른) 길에서 정진하라,
그러면 반드시 궁극적인 목표에 도달하리라.
-대성취자 뿌딸리빠(Mahasiddha Putalipa)

가장 큰 행복으로 인도해 주기

〔평생수행자료〕

인생의 가장 위대한 목적

우리는 한 생이 끝날 때마다 우리의 거친 업業의 몸은 버립니다. 그러나 하나로 결합되어 있는 우리의 가장 섬세한 몸과 마음은 모든 우리의 생애를 통해서 중단 없이 지속됩니다. 우리가 완전한 깨달음에 도달할 때까지.

사람은 누구나 행복을 원하고 불행을 원하지 않습니다. 그러므로 현명하게 사는 길은 행복을 늘려가면서 불행을 줄여가는 것입니다. 그러나 우리가 근원적으로 고통의 세계, 윤회의 세계에 남아 있는 한, 고통은 피할 수 없습니다. 따라서 온갖 괴로움에서 벗어나고 우리들의 행복을 완성하기 위해서는 완전한 깨달음을 얻는 것 외에 다른 방법이 없습니다.

하지만 자기 자신이 완전한 깨달음을 성취했다고 자신의 행복이 완성되는 것은 아닙니다. 불행한 사람들이 남아 있는 한 자기 자신의 행복도 완전할 수 없기 때문입니다.

바로 여기에서 우리들의 삶의 위대한 목적이 등장합니다. 그것은 자기 자신이 완전한 깨달음을 얻을 뿐만 아니라 남들 또한 완전한 깨달음의 행복으로 인도하는 것입니다.

사는 목적을 모르는 사람들은 인생을 낭비하게 마련이니 죽을 때도 후회할 수밖에 없습니다. 그러므로 행복한 삶과 죽음의 첫걸음은 너무도 소중한 인생의 위대한 목적을 분명히 깨닫는 것입니다.

> 우리들이 여기에 있는(인간으로 태어난) 운명(목적)은
> 깨어나는(깨닫는) 것입니다.
> –롱첸빠(Longchenpa)

그러니 우린 누구나 가장 큰 행복으로 나아가는 행운아입니다!

자살에 대한 무지로부터 벗어나기

> 인간은 행복을 추구하는 존재다. 이것은 자살에 대해서도 예외는 아닐 것이다. 행복을 추구하기 위해 때때로 자살을 선택하기 때문이다. (중략) 사실 자살은 별다른 신체적 고통을 주지 않는다. (…) 불행히도 혹은 다행히도 자살에 성공했다면, 나의 삶을 힘들게 만들었던 고통뿐만 아니라 자살로 생기는 고통도 사라질 것이다.
>
> –인기 있는 어떤 철학자가 지은 책

자살이 행복 추구의 수단이 되려면 자살은 고통보다 더 많은 기쁨을 가져와야 합니다. 그러나 자살로 우리가 겪게 되는 고통은 상상조차 하기 힘들 정도로 극심하고 오래 갑니다. 자살로 지옥에 떨어지는 경우를 생각해 보십시오. 인간으로 사는 게 아무리 힘들어도 지옥의 고통에 비하면 한없는 축복이나 다름없습니다. 어떤 설명에 의하면, 가장 무섭지 않은 더운 지옥에서 수명은 90억 년일 수 있다고 합니다.

자살은 결코 바람직한 행동이 아니므로 자살에 성공하는 것을 다행이라 볼 수 없으며, 자살은 방법에 따라 심한 신체적 고통을 유발할 가능성도 있고 평생 중증장애인을 만들 수도 있습니다.

자신의 삶을 힘들게 만드는 고통뿐만 아니라 자살로 생기는 고통도 사라질 것이라는 저자의 말을 독자들이 그대로 믿고 실천에 옮기는 끔찍한 일이 벌어진다면? 상상하는 것조차 너무 괴롭습니다.

세상에는 참으로 눈물겹게 '아름다운 죽음'도 있습니다. 갑작스런 배의 침몰 같은 위급한 때에 남들을 구출하기 위해 자기 자신을 희생하는 그런 고귀한 행위 말입니다. 이런 분들은 다음 생에는 틀림없이 좋은 곳에서 다시 태어날 테니 이런 자기희생은 더 큰 자기실현입니다!

바른 가르침, 바른 철학만이 사람들을 진정한 행복으로 인도해줄 수 있습니다. 지금은 힘들어하는 분들이 많은 때인지라 가장 필요한 것은 그들이 인생의 소중함을 깨닫게 하여 새로운 삶의 의욕을 회복할 수 있도록 도와주는 것이지, 오히려 그들을 자살로 이끌 수 있는 그릇된 철학이 아닙니다. 필자가 철학자들에게 관심을 기울이는 것은 그들이 쓴 책들이 많은 분들에게 나쁜 영향을 끼칠 수 있기 때문입니다.

궁극적인 진리를 깨달은 지혜와 모든 중생들에 대한 조건 없는 무한한 사랑(자비)에 기반을 두지 않은 철학은 우리들을 고통으로부터 구해줄 수 없습니다.

행복해지는 것보다 불행해지는 것이 더 쉬운 까닭

첫째, 대부분의 사람들을 지배하는 견해들이 물질적인 성공으로만 인도하는 그릇된 것이기 때문입니다. 그러나 행복은 마음의 문제이므로 물질로는 결코 얻을 수 없습니다. 물질적인 재산은 많이 갖고 있을수록 마음은 오히려 가난해지고 황폐해집니다.

둘째, 세상에는 탐욕 때문에 진실을 은폐하거나 왜곡하는 사람들이 있습니다. 양심적인 의사나 치료사들이 밝혀낸 비용이 거의 들지 않는 치료법들이 널리 알려진다면 세계적으로 엄청나게 많은 분들이 목숨과 건강을 구할 수 있고 병원 수와 의료비용과 건강보험료도 아마 수백 분의 1 이하로 줄일 수 있을 것입니다. 그들은 상상하기도 어려울 정도로 많은 돈을 벌겠지만 내생에서 그들은 피해자들보다 수백, 수천, 수만 배 더 많은 고통을 받게 될 것입니다. 무지의 산물인 탐욕은 아귀의 고통으로 가는 길입니다!

그러니까 알고 보면 언제나 진짜 피해자는 가해자 자신입니다.

셋째, 가장 중요한 근본적인 이유는 사람들의 무지와 이기심입니다. 여기서 무지는 인과법칙과 궁극적인 진리에 대해 모르는 것을 의미합니다. 인과의 법칙을 제대로 알면 악업을 멀리할 터이므로 불행에서 벗어날 것입니다. 그리고 모든 것은 다른 것들에 의지하여 존재하며 아무것도 독립적으로 존재하는 것이 없다는 것을 알면 이해심이 넓어지며 탐욕이나 집착이 많이 줄어들어 많은 불필요한 고통으로부터 벗어나게 될 것입니다.

요컨대 행복으로 가는 길은 지혜와 사랑뿐입니다. 여기서 사랑은 이기적인 사랑이 아니라 이타적인 사랑, 모든 중생들에 대한 무조건의 순수한 사랑을 가리킵니다. 이런 사랑은 무한합니다. 조건이 없기 때문입니다. 조건은 언제든지 변할 수 있으므로 조건의 지배 밑에 있는 것은 완전한 만족을 줄 수 없습니다. 수행의 목적은 모든 조건을 초월하여 절대적인 안락에 도달하는 것입니다!

가장 지위가 낮은 분이 가장 큰 행운아

〔평생수행자료〕

저는 행복을 좋아하지 않습니다.
저는 고통을 좋아합니다.
만일 제가 행복하면, 다섯 가지 독(5독毒)이 증가합니다.
만일 제가 고통 받으면,
저의 과거 악업惡業이 감소합니다.

저는 높은 지위를 좋아하지 않습니다.
저는 낮은 지위를 좋아합니다.
만일 제가 높은 자리에 있으면,
아만과 질투가 증가합니다.
만일 제가 낮은 자리에 있으면,
저는 느긋해지고 저의 수행이 향상됩니다.
가장 낮은 자리가 과거의 성인聖人들의 자리입니다.

–빠뚤 린뽀체(Patrul Rinpoche)

마음의 다섯 가지 독: 탐〔탐욕貪慾(attachment)〕· 진〔분노憤怒(anger)〕· 치〔무지無知(ignorance)〕· 만〔아만我慢(pride)〕· 질〔질투嫉妬(jealousy)〕

높은 지위에 있는 분들은 무거운 악업을 지어 사후에 낮은 곳(삼악도)으로 떨어질 가능성이 높습니다.

불교의 가장 높은 딴뜨라(tantra)의 가르침은 사회적인 지위가 가장 낮은 일반적인 평범한 분들을 위한 가르침이라고 합니다. 그러니까 가장 낮은 자리는 가장 높은 지위로 오르기에 가장 좋은 최대의 행운의 자리입니다.

이제 더 이상 높은 자리를 탐내지도 말고 낮은 자리에 있는 것을 비관하지도 마십시오. 그대 몸 어디에 있든 그대 마음은 사랑과 감사 속에 머무소서! 이 험한 세상에 살아 있다는 것 자체가 기적이고 축복입니다.

문제보다 더 큰 사람이 되라!
〔평생수행자료〕

당신이 시달릴 때, 당신은 흔히 작아집니다.
그러므로 이런 경우에 반대의 방법을 사용하여,
당신이 시달릴 때, 당신이 더 커져야
당신은 시달리지 않을 수 있습니다.
–좌감 뚱빠(Chögyam Trungpa)

지혜로운 사람은 어떤 모욕을 당하더라도 이깁니다.
보기 싫은 행동에 대한 최선의 대책은
참는 것과 절제입니다.
–몰리에(Moliere)

문제가 아무리 크더라도 그것을 대하는 사람의 마음이 그 문제보다 더 크면 그것은 문제가 되지 않을 것입니다.

마음 수양을 통해 마음을 넓힐 수 있는 데까지 넓혀 놓으면 아무리 큰 문제에 부딪치더라도 마음의 평정을 잃지 않을 수 있습니다. 사실, 모든 수행의 목적은 마음을 넓히고 맑히는 것입니다. 그것도 최대한으로. 이것을 가능하게 하는 것은 궁극적인 진리(공성)에 대한 깨달음뿐입니다.

그러므로 무아 체험과 체득을 위해 우리는 끊임없이 수행해야 합니다. 이 책 5장을 읽어보시면 궁극적인 진리를 이해하고 실천하는 데에 도움을 얻을 수 있습니다.

이 책의 가장 중요한 목적이 독자들의 마음을 넓혀줘서 더 평온하고 행복한 삶과 죽음으로 인도해 주는 것입니다.

상대적인 세계에는 온갖 문제와 고통이 존재하지만 절대적인 세계에는 아무 문제와 고통이 존재하지 않으며 영원한 자유와 안락이 있을 뿐입니다. 그러나 후자의 세계는 심오한(공성에 관한) 수행을 통해서만 들어갈 수 있습니다. 당신의 행운을 빕니다!

더 높은 수준에서 바라보라!

> 우리가 직면한 중대한 문제들은 우리가 그 문제들을 만든 때와 같은 수준의 사고로는 해결될 수 없습니다.
>
> –아인슈타인(Einstein)

아이들의 고민은 어른들의 입장에서 보면 전혀 문제가 되지 않을 것입니다.

문제 해결을 위한 발상 전환

〔평생수행자료〕

모든 크고 깊은(심오한) 어려움은 자체 안에
자기 자신의 해결책이 있습니다. 그것은
우리가 우리의 사고를 바꿔야 그것을
찾을 수 있다는 것을 보여줍니다.
–닐스 보어(Niels Bohr)

문제 안에 해결책이 존재하는 이유는 후자는 전자를 떠나 존재할 수 없기 때문입니다. 다시 말해서, 문제와 해결책은 하나의 덩어리 또는 연속체(continuum)이기 때문입니다.

옛날 어떤 지혜로운 상인은 산적들 때문에 어려움을 겪고 있었는데 그들을 호위무사로 고용함으로써 악업으로부터 그들을 구하고 게다가 나중에는 그들을 수행자의 길로 인도하는 추가적인 기쁨까지 얻었다고 합니다.

문제를 문제로만 보는 고정된 관념에 갇혀 있는 분들은 이런 해결책을 찾아낼 수 없습니다. 항상 새로운 길을 찾아보십시오. 세상은 온갖 무한한 가능성으로 가득 차 있습니다.

끊임없이 과거에서 벗어나서 새로운 세계로 나아가십시오!

어려움은 새로운 아이디어 개발보다
과거의 아이디어로부터 벗어나는 데에 있습니다.
–존 메이나르드 케인즈(John Maynard Keynes)

물리학의 역사는 애지중지하는 개념을
포기하는 역사입니다.
–출처 미상

자신의 기존의 익숙한 세계에 안주하려는 사람들의 습성 때문입니다. 완전한 깨달음에 이르기 전까지 우리들의 모든 건 불완전한 것입니다. 그러므로 우리들은 끊임없이 더 나은 것, 더 나은 세계를 추구해야 합니다.

놓아주는 법을 배워라. 이것이 행복의 열쇠다.
–붓다

두 가지 탁월한 문제 해결 방법: 양면으로 접근하는 지혜

〔핵심교의〕〔평생수행자료〕

첫째, 무슨 일이 일어나더라도 그것을 바람직하지 않은 일이라고 생각해서 거기에 저항하면 마찰과 괴로움이 따르게 마련입니다. 반면에 처음에는 받아들이기 힘든 것이라도 완전히 수용해 버리면 그것은 더 이상 문제가 되지 않을 것입니다.

그리고 어떤 일이 벌어지든지 그것이 자기가 정말로 바라는 일이라고 생각하면서 환영하면 그것은 자신을 괴롭히는 문제나 적이 아니라 자기를 도와주는 고마운 친구가 됩니다. 이것은 모든 것을 친구로 만드는 상대적인 문제 해결 방법입니다.

단 한 분이라도 적이나 문제를 갖고 있는 사람들은 그만큼 힘들 수밖에 없습니다. 그러므로 지혜로운 분들은 아무도 아무것도 문제나 적으로 생각하지도 않고 만들지도 않습니다.

둘째, 어떤 고통스러운 일이 닥치든지 그것을 잘 살펴보면 그것은 실제로 존재하는 것이 아니라는(공空한 것이라는) 것을 알 수 있습니다. 다시 말해, 궁극적인 관점에서 보면 아무 문제가 없다는 말입니다. 이것은 궁극적인 문제 해결 방식입니다. 이건 무아를 공부하는 분들에게만 가능하나 현실적으로는 사용하기 어려운 경우들이 있을 것입니다.

우리가 거주하는 세상에서 모든 것에는 양면이 있으므로 절대적인 면과 상대적인 면을 함께 생각하며 보도록 인도하는 것, 이것이 이 책의 가장 중요한 목적 가운데 하나입니다.

예를 들어, 아남 툽뗀 린뽀체(Anam Thubten Rinpoche)에 의하면 무지는 한편으론 고통의 원천이지만 다른 한편으론 무지가 없으면 우리가 거주할 수 있는 윤회의 세계 자체가 존재할 수 없습니다. 지혜의 눈으로 보면 세상은 온갖 경이로움으로 가득 차 있습니다. 이런 세계를 어떻게 사랑하지 않을 수 있겠습니까? 이것이 우리들의 바탕인데!

우울증은 없고 우울감이 있을 뿐이다(감정은 질병이 아님)!

어느 양심적인 비주류 의사에 의하면 우울증 같은 것은 없답니다. 모든 감정은, 좋은 것이든 나쁜 것이든, 일시적으로 일어났다 사라집니다. 문제는 거기에 집착하는 데서 시작됩니다. 그러므로 어떤 감정이 일어나더라도 거기에 매달리지 않으면 문제가 생기지 않습니다. 좋지 않은 기분이 좀 오래 가더라도 신경 쓰지 않고 내버려두면 저절로 사라집니다. 이럴 때 중요한 것은 거기에 관심을 기울이지 않는 것입니다. 관심은 그것이 지속되게 만드는 에너지로 작용하기 때문입니다.

괴로운 일을 겪을 때 자기보다 훨씬 더 큰 고통에 시달리는 분들, 특히 지옥에서 고통 받는 분들을 생각하면 도움이 됩니다. 지옥의 불은 인간세계의 불보다 7배나 더 뜨겁다고 합니다. 이런 불 속에서 수십억 년 동안 죽고 싶어도 죽지도 못하고 견뎌야 하는 분들을 생각해 보십시오. 우리가 겪는 고통은 오히려 축복처럼 느껴질 것입니다.

다음에는 인생의 소중함으로 관심을 돌려보세요. 천신天神들은 쾌락이 너무 많아서 그것을 즐기느라 정신이 없고, 지옥 중생들은 사는 게 너무 고통스러워서 다른 것을 생각할 여유가 없답니다. 그러나 인간세계는 즐거움과 괴로움이 적당히 섞여 있어서 수행하기에 가장 좋다고 합니다.

자기가 겪는 고통에 대한 사유는 윤회의 세계에서 벗어나려는 마음인 출리심을, 그리고 남들의 고통에 대한 사유는 자비심과 보리심을 기르는 데에 도움이 됩니다. 보리심은 모든 중생들을 완전한 깨달음의 행복으로 인도하기 위해 자기가 완전한 깨달음을 얻으려는 참으로 고귀한 마음입니다.

어쩌면 이 소중한 마음을 기르기 위해 당신은 그동안 그렇게 고통 받아왔는지 모릅니다. 이것이 고통의 축복(긍정적인 면)입니다! 이젠 당신의 모든 고통, 우울감도 절망감도 사랑하십시오.

자살한 자식을 진실로 위하는 지혜로운 길

아무리 받아들이기 어렵더라도 자식의 자살을 받아들이지 못하여 술로 자학을 하거나 심지어 자살까지 하는 것은 참으로 어리석은 행동입니다. 어쩔 수 없는 것은 받아들이는 게 상책입니다.

태어난 자는 누구나 언젠가는 죽게 마련이므로 죽음은 삶의 한 과정일 뿐입니다. 예기치 않게 자식이 떠난 경우에 남은 가족들이 할 수 있는 최선을 다하는 것이 현명한 일입니다.

가장 시급한 것은 그가 좋은 곳에 가서 태어날 수 있도록 천도를 해 주거나 이렇게 할 수 없는 경우에는 죽은 뒤 49일 동안 지극한 정성으로 자식을 위해 기도하는 것입니다. 이때 자기 자식뿐만 아니라 함께 세상을 떠났거나 비슷한 시기에 떠난 많은 중생들을 위해 기도해 주면 자식이 받는 기도의 혜택은 더욱더 클 것입니다.

다음에는 자선단체나 좋은 목적에 자식의 이름으로 돈을 보내거나 자원봉사를 하는 것입니다. 그리고 무슨 일이든지 좋은 일을 할 때마다 그 공덕(좋은 에너지)을 자식을 위해 회향(dedication)합니다.

지금 그가 어디에 있든지 우리들의 좋은 마음의 에너지는 반드시 전달된답니다. 마음은 시공을 초월하기 때문입니다.

이런 식으로 좋은 일을 해 나감으로써 자기 자신도 훌륭한 사람으로 다시 태어나는 것입니다. 인생의 목적은 성장과 깨달음입니다. 매순간 모든 것은 새로 시작되므로 우리는 언제든지 다시 시작할 수 있습니다. 모든 헤어짐은 새로운 만남의 시작입니다. 힘내십시오!

당신이 사랑하던 사람이 떠나고 남겨 놓은 그 빈자리,
그곳은 당신의 성장을 위한
너무도 소중한 지혜의 공간입니다!

가장 큰 고통이 가장 큰 깨달음과 행복을 얻기에 가장 좋은 조건입니다! 절망하지 말고 모든 걸 훌훌 털어버리고 일어나십시오. 세상 어디엔가 당신의 도움이 필요한 분이 애타게 당신을 기다리고 있을지 모릅니다.

공간적인 공간(거리)과 시간적인 공간

〔핵심교의〕〔평생수행자료〕

자극(상황)과 반응(행동) 사이에는 공간이 있는데,
이 공간에 우리들의 반응을 선택할
자유와 힘이 놓여 있습니다.
그리고 우리들의 반응에 우리들의 성장과
우리들의 행복이 놓여 있습니다.

–빅터 이. 프랭클(Viktor E. Frankl)

공간은 마음 밖에도 안에도 어디에나 있습니다. 그곳은 우리들의 지혜가 작용할 수 있는 터전입니다.

지혜의 공간(마음의 여유) 만들기

참거나 멈추기

화내지 않고 참으면 사태를 차분하게 객관적으로 바라볼 수 있는 마음의 여유가 생기므로 지혜롭게 대응할 수 있습니다. 화가

날 때 모든 행위를 멈추고 가만히 호흡을 가다듬는 것도 화를 다스리는 좋은 방법입니다.

거리 만들기

어떤 좋지 않은 일이 일어났을 때 한 걸음 뒤로 물러서면 그 일로부터 벗어날 수 있는 지혜가 생깁니다. 뿐만 아니라 화가 나는 경우에 자기 자신까지도 대상화시켜 바라보면 우리는 화에 휩쓸려 들어가지 않고 쉽게 벗어날 수 있습니다.

몹시 고통스러운 상황에 부딪혔을 때 그것이 이미 지나가버리고 지금은 자기가 편안한 상태에 있는 것처럼 행동하는 것도 좋은 방법입니다. 이것은 시간적인 공간(거리)을 만들어서 주어진 사태로부터 벗어나는 방법입니다.

현재 사태를 과거로 보내버리는 것과 대조적으로, 미래에 있을 좋은 일을 미리 현재로 불러와서 현재의 고통을 잊어버릴 수도 있습니다.

동일시하지 않기

어떤 생각이나 감정이 일어났을 때 그것과 동일시하지 않는 것도 거기에서 벗어날 수 있는 또 하나의 방법입니다. 예를 들어, 누가 자기가 못생겼다고 모욕적인 말을 할 때 자신의 외모나 생각 등은 자기 자신이 아니라는 것을 일깨워줘서 그 나쁜 감정으로부터 자신을 빨리 해방시키는 것입니다. 이런 경우에 지체하면 사태가 걷잡을 수 없이 악화될 수 있으므로 가능한 한 빨리 거기에서 벗어나는 게 좋습니다.

자신의 정체 바로 세우기 훈련: 만병통치약

내 몸도 내가 아니고, 내 생각도 내가 아니며, 내 감정도 내가 아니고, 내 결점도 내가 아니다. 나의 본성은 공성空性과 지혜다. 나는 한없는 사랑의 존재다.(그러니 무엇이 나를 괴롭힐 수 있겠는가?)

단순화시키기

모든 것을 단순화시키면 여유 공간의 증가로 마음의 여유와 지혜가 늘어납니다.

경제적인 여유 만들기

저축은 최대로 늘리고 지출은 최소로 줄이면 금전적인 여유가 늘어 어려운 상황에 대처하기 쉽습니다. 일은 잘 안 될 때도 있는 법이므로 일이 잘 될 때는 잘 안 될 때를 생각해서 저축은 더욱더 늘리고 지출은 가능한 한 줄여야 합니다.

최소로 만족하기

최소로 만족하면 마음의 여유와 지혜는 최대로 증가합니다.

만족이 최상의 부富인 까닭

우리가 물건을 획득하는 것은 만족하기 위해서입니다.
만일 우리가 가진 것에 만족한다면, 우리는 더 이상
물건을 획득할 필요를 느끼지 않을 것입니다.
–깡규르 린뽀체(Kangyur Rinpoche)

최상의 부富와 최상의 행복

자기가 가진 것에 만족하는 것, 이것이 최상의 부富이고;
갈망하거나 전혀 아무것에도 탐착하지 않는 것, 이것이
최고의 행복이다.
–걀세 톡메(Gyalse Thogme)

소유한 것 없으니 잃을 것도 없어

아무도 누구를 잃는 게 아닙니다.
아무도 누구를 소유하는 게 아니니까요.
이것이 자유에 대한 진정한 경험입니다:
세상에서 가장 중요한 것을 갖고 있으면서도
그것을 소유하지 않는다는 것 말입니다.
– 파울로 코엘로(Paulo Coelho)

마음 안정을 위한 호흡 관찰 수행 방법

마음(주의력)의 약 25퍼센트를 호흡관찰에 집중합니다. 그리고 또 25퍼센트는 마음이 호흡에 집중하고 있는지 감시하고 점검합니다. 나머지 마음의 50퍼센트는 넓게 고요한 상태에 머뭅니다.

(이것은 지혜의 공간, 여유 공간을 만들기 위해서입니다.)

호흡에 대한 집중력이 높아짐에 따라서 산란하던 마음이 현재로 모아지고 온전해지면, 호흡을 '관찰하는 것'을 슬쩍 그만두고 자기가 호흡과 하나가 되도록 내버려 둡니다. 그리하여 마침내 호흡하는 자기 자신과 호흡하는 행위가 하나가 되면 주체(내심)와 객체(외경)의 구분이 사라지는 안락한 합일合一의 상태에 도달하게 됩니다.

이 수행은 산란한 마음을 한곳에 집중하는 데에 도움이 될 뿐만 아니라 복잡한 생각과 감정을 정화시키는 데에도 많은 도움이 됩니다. 이것은 흙탕물을 병 안에 담아서 가만히 내버려둘 때와 비슷합니다. 마음을 고요히 하면 마음속의 불순물(망상)들이 마음의 본성인 공空 속으로 가라앉습니다.

마음을 배분하는 일은 운전과 같은 다른 행위에서도 적용할 수 있습니다. 25%는 운전에 집중하고, 25%는 그것을 감시하고 점검하며, 나머지 50%는 안정된 상태에 머물면서 전체적인 상황을 살펴보는 것입니다. 이 50%가 대단히 중요한 마음의 여유, 지혜의 공간을 제공해 줍니다.

이 수행은 알아차리는 훈련에도 중요합니다.

무슨 일이 일어나든, 좋은 것이든 나쁜 것이든,
마치 어떤 노인이 아이들 노는 것을 구경하듯
그것들을 바라보며 희망과 두려움을 갖지 말고,
안정된 알아차리는 의식(각성) 속에 머무시오.
– 뚤꾸 우르겐 린뽀체(Tulku Urgyen Rinpoche)

높은 경지의 수행자들의 살생 이야기

중국이 티베트를 점령한 뒤 상상할 수 없을 정도로 놀라운 일이 있었습니다. 처형장으로 끌려가던 티베트 스님들이 처형되기 전에 자신들의 의식을 천도(정토로 이전)시켜버린 것입니다. 이것은 평상시에는 자살 행위로 간주되겠지만, 그 동기가 처형자들이 받게 될 엄청난 악업을 면하게 하기 위한 자비심이었으므로 그들은 오히려 큰 공덕을 쌓았을 겁니다.

석가모니 부처님께서 전생에 보살이셨던 시절에 한 사람의 생명을 빼앗으셨던 적이 있답니다. 그러나 이것은 두 가지 목적을 가진 큰 자비의 행위였습니다.

첫째, 함께 배를 타고 가던 상인 500명의 목숨을 구하고(자심慈心, 자애)

둘째, 살생을 계획했던 사람이 그것을 실행했을 경우에 그가 받게 될 엄청난 악업으로부터 그를 보호하려는 마음(비심悲心, 연민)이었습니다.

이것도 살생이므로 보살님께서는 그 대가로 잠시 지옥에서 보내셨다고 합니다.

자기 존재와 행복 넓히기-이타심 기르기

언제 어디에서나 남들을 먼저 생각하는 것-이것이 자기 자신에게도 가장 유익하다는 것을 지혜로운 이들은 누구나 다 알고 있습니다. 이기심은 어리석은 이들의 감옥입니다! 여기서 벗어나지 않는 한 그들의 고통은 계속되게 마련입니다.

죽음에 대한 무지(오해)로부터 벗어나기

"죽으면 하늘나라에 간다."

수행을 많이 한 분들은 죽은 뒤에 해탈하거나 성불하여 윤회의 세계에서 벗어납니다. 선업을 지은 사람은 정도에 따라 천신이나 아수라나 인간으로 다시 태어납니다. 그리고 인간으로 태어나는 경우에도 쌓은 선업의 정도에 따라 좋은 가문이나 하층민으로 태어납니다.

악업을 지은 사람들도 마찬가지로 쌓은 악업의 정도에 따라 동물이나 아귀로 태어나며 최악의 경우에는 지옥에 태어납니다. 그러나 이 세상에 대한 집착이나 원한이 많은 분들은 금생과 내생 사이의 세계인 바르도(bardo, 중음계)를 떠나지 못하는 분들도 있다고 합니다.(집착과 원한은 너무도 무서운 마음의 독이며 감옥입니다!)

천신들은 감각적인 쾌락에 탐닉하나
마음은 행복하지 않네.

감각적인 욕망의 감염으로 인한
내면의 불이 그들을 태운다네.
—와쑤반두(Vasubandhu)

마음의 독이 물질적인 독보다 더 무섭듯이, 내면의 불은 외부의 불보다 더 무섭습니다. 앞의 것은 더 섬세한 에너지이기 때문입니다.

하늘나라는 일반인들이 생각하는 그런 즐거움만 있는 낙원이 아닙니다. 낙원은 우리들 각자의 마음속에 있습니다. 당신의 마음을 사랑하십시오.

죽음에 관한 진실 1:
죽음은 확실하나 죽음의 시간은 불확실

예상하지 못한 최악의 사태는 언제 어디에서나 일어날 수 있으므로 우리들 자신은 물론 우리들이 그토록 사랑하는 아내나 남편, 아들이나 딸이 오늘 당장 죽을 수도 있다는 사실을 기억하고 가끔 죽는 연습, 이별 연습을 해야 합니다.

갑작스레 발생한 자연재난이나 화재, 교통사고 등으로 갑자기 돌아가신 분들을 생각해 보십시오.

그들 중에서 누가 그렇게 죽으리라 상상인들 했겠습니까?

우리도 같은 처지에 있다는 사실을 우리는 잠시도 잊지 말아야 합니다.

단 1초 후도 알 수 없는 것이 우리들의 삶이니 우리가 무엇을 장담할 수 있겠습니까?

죽음에 관한 진실 2:
죽을 때 도움이 되는 것은 선업과 다르마

> 죽을 때 우리가 가져갈 수 있는 것은
> 우리가 지은 선업과 악업의 습기뿐입니다.
> —껠쌍 갸초(Kelsang Gyatso)

잊지 마십시오. 물질적인 재산은, 죽을 때 거기에 집착하는 경우, 이득은 고사하고 오히려 굶주린 귀신, 아귀餓鬼로 태어나게 할 수 있답니다.

높은 경지의 수행자들과 기본 수행
〔평생수행자료〕

어느 날 빠뚤 린뽀체(Patrul Rinpoche)가 친구 뻬마 도제(Pema Dorje)와 함께 까톡(Kathok) 사원으로 위대한 수행자 최잉 랑될(Chöying Rangdröl)을 찾아갔습니다. 최잉 랑될은 배운 것은 많지 않았지만 높은 수행 단계에 도달하신 분이었습니다. 그는 한 번도 여행을 한 적이 없었고 밤낮으로 깊은 선정〔몸과 마음의 합일상태〕에 들어 있었습니다.

그의 수행처에 이르자 빠뚤 린뽀체가 그에게 세 번 오체투지하고 나서 가르침을 청했습니다. 첫째 날 최잉 랑될은 합장하고 몇 게송을 읊고 나서 첫째 게송을 천천히 세 번 되풀이했습니다.

> "아, 깨달음의 실현에 도움이 되는 여가(8유가)와
> 여건(10원만圓滿)은 함께 얻기 어렵네."

눈물이 그의 뺨에서 흘러내렸습니다. 빠뚤 린뽀체도 울기 시작했습니다. 최잉 랑될은 잠시 동안 말이 없었습니다. 이것이 그날의 가르침이었습니다. 그 다음날 최잉 랑될은 같은 방식으로 가르쳤습

니다. 교재에 의존하지 않고, 개인적인 경험을 이용해서 그는 이렇게 말했습니다.

"중생들의 삶은 산 폭포수처럼 지나가네!"

그는 다시 합장하고, 눈물을 흘리다가 다시 계속했습니다.

"그대가 부여받은 여가와 여건을 낭비하지 마라!
그대의 인생을 헛되이 보내지 마라!"

그때, 빼마 도제가 혼자 중얼거렸습니다.

"얼마나 놀라운가! 빠뚤 린뽀체를 보라. 그는 모든 가르침을 완벽하게 아는 큰 스승인데, 저렇게 기본적인 가르침을 받고 있으니! 허나 인생의 소중함에 대해 언급하기만 해도, 스승과 제자가 두 분 다 울기 시작하니 난 믿을 수가 없네!"

여덟 가지 여가(8유가有暇)

1. 지옥중생으로 태어나지 않은 것
2. 아귀로 태어나지 않은 것
3. 동물로 태어나지 않은 것
4. 장수하는 신으로 태어나지 않은 것

5. 야만인으로 태어나지 않은 것
6. 수행을 불가능하게 하는 몸과 마음의 결함을 갖고 태어나지 않은 것
7. 그릇된 견해를 가진 이로 태어나지 않은 것
8. 부처님께서 출현하시지 않았을 때 태어나지 않은 것

열 가지 유리한 여건(10원만圓滿)

1. 인간으로 태어난 것
2. 부처님의 가르침이 있는 곳에 태어난 것
3. 온전한 감각기관을 갖고 태어난 것
4. 다섯 가지 중죄(5무간업)를 짓지 않은 것
5. 삼보三寶에 대한 믿음을 갖고 있는 것
6. 부처님 출현 시에 태어난 것
7. 부처님 설법 시에 태어난 것
8. 부처님의 가르침을 수행하는 이들이 있을 때 태어난 것
9. 부처님의 가르침이 번창할 때 태어난 것
10. 부처님의 가르침을 수행하는 데 필요한 것들을 보시하는 이들이 있을 때 태어난 것

부처님의 가르침을 듣는 것만으로도 다음 생에 좋은 곳에 태어날 수 있다고 합니다.

부처님(불보佛寶), 부처님의 가르침(법보法寶), 부처님의 가르침을 수행하는 사람들, 특히 성인聖人들의 집단(승보僧寶), 불법승 삼보에 귀의하는 것은 세상에서 가장 큰 보호와 축복을 받는 길입니다. 부지런히 찾는 분들에게 행복의 문은 어디에서나 열립니다!

아름다운 빨리어 삼귀의송(YouTube에서 찾아 들어보십시오)

붓담 샤라남 가차미
(Buddham sharanam gacchami: 거룩한 부처님께 귀의합니다)
담맘 샤라남 가차미
(Dhammam sharanam gacchami: 거룩한 다르마에 귀의합니다)
쌍감 샤라남 가차미
(Sangham sharanam gacchami: 거룩한 승가에 귀의합니다)

가장 큰 보호와 행복으로 가는 길: 삼보三寶 귀의歸依

온 정성을 다해 삼귀의송(산스크리트)-나모 붓다야(거룩한 부처님께 귀의합니다), 나모 다르마야(거룩한 다르마에 귀의합니다), 나모 쌍가야(거룩한 승가에 귀의합니다)-을 염송하면 할 때마다 악업과 장애가 감소합니다. 이것을 염송하는 것이 얼마나 위력이 있는지 잘 보여주는 이야기가 있습니다.

옛날에 인도의 상인들이 탄 배가 거대한 고래에게 잡아먹힐 위험에 놓여 있었다고 합니다. 그때 그들이 삼보귀의송을 염송하자, 그 고래는 입을 다물고 죽었다고 합니다. 이 고래는 슈리자따(Shrijata)라는 사람으로 다시 태어나 승려가 되고 나중엔 아라한이 되었답니다.

다르마(dharma)의 의미: '잡아주다'-중생들을 완전한 깨달음의 길로 잡아주고 윤회와 악도로부터 잡아줌.

삼보에 귀의하는 혜택

〔죽음준비자료〕〔평생수행자료〕

1. 귀의하는 사람은 청정한 불자가 됩니다.
2. 모든 다른 계를 받을 기반을 마련하게 됩니다.
3. 과거에 지은 악업(불행 자원)을 정화하게 됩니다.
4. 날마다 방대한 양의 공덕(행복 자원)을 쌓게 됩니다.
5. 악도(지옥계, 아귀계, 축생계)에 떨어지지 않게 됩니다.
6. 인간과 비인간들이 끼치는 해로부터 보호받게 됩니다.
7. 일시적인 소원과 궁극적인 소원을 성취하게 됩니다.
8. 빨리 붓다의 완전한 깨달음(성불成佛)을 얻게 됩니다.

성스러운 몸의 움직임(sacred movement): 오체투지五體投地

〔핵심교의〕〔평생수행자료〕

신체의 다섯 부분(두 무릎과 두 팔과 머리)을 땅에 닿게 하는 절에는 놀라운 비밀이 숨어 있습니다. 여기에는 땅이 신앙의 공덕을 저장한다는 믿음이 깔려 있습니다. 이렇게 전신을 앞으로 굽혀 절을 하면 땅이 우리들의 공덕을 흡수하여 간직한다는 것입니다. 이것은 우리들의 어머니인 땅의 몸에, 작물의 씨를 심듯, 깨달음을 위해 공덕의 씨를 심는 것을 상징해 주는데, 땅에 닿는 몸의 부분이 많을수록 더 큰 공덕을 얻는다고 합니다.

세 가지 종류의 오체투지

1. 일반적인 것: 몸으로 절을 하면서, 말로 기도문을 염송하고, 마음으로 공경심을 일으키는 것
2. 중간적인 것: (마음속으로) 자기 몸을 무수하게 화현시켜 절하

며, 각각의 화현이 부처님들을 찬양하는 무량한 노래를 부르는 것

3. 최상의 것: 절하는 주체도, 절을 받는 대상도, 절이라는 행위도 없다(공空하다)는 삼륜청정三輪淸淨의 견해를 갖고 절하는 것

어떤 행동을 하든 이런 청정한 마음을 갖고 하면 그 공덕은 무한하다고 합니다. 왜냐하면 그것은 공성空性의 청정성을 띤 행위이고, 공空은 무한하기 때문입니다.

모든 것을 평범하게 여기는 분들이 누리는 것은 평범한 행복이고, 모든 것을 최상으로 여기는 분들이 누리는 것은 최상의 행복입니다.

우리들의 견해가 우리들의 세상, 우리들의 경험을 만듭니다.

견해와 윤회

〔핵심교의〕〔죽음준비자료〕〔평생수행자료〕

궁극적으로 실제로 존재하는 것은 아무것도 없고(공空하고) 모든 것은 다른 원인과 조건에 따라 일어날 뿐이라는 바른 견해(정견正見)를 갖고 있는 사람은 수천 년의 내생 동안 악도에 떨어지지 않는다고 합니다. 그러나 그릇된 견해를 갖고 있는 사람은 선업을 지어도 윤회에 떨어지는 무서운 과보를 받는답니다.

인과의 법칙을 무시(어리석음)하면 악도에 태어나는 것은 이미 결정된 것이나 마찬가지이고 그 고통은 너무도 심합니다.

> 단견斷見을 가진 사람의 내생에는
> 찬바람이 절대적인 암흑의 세계에 일어날 것이다.
> 그 바람은 너를 너무도 앎게 만들어
> 뼈까지도 부서지는데,
> 누가 그곳에 들어가 너를 도와주고 싶어 하겠느냐?
> –붓다

단견이 상견보다 더 어리석은 이유

누구든지 세계가 실재한다고 생각(상견常見●)하는 사람은 황소처럼 어리석다. 누구든지 그것이 실재하지 않는다고 생각(단견斷見●)하는 사람은 더욱더 어리석다(왜냐하면 상대적인 차원에서 이것은 원인과 결과의 법칙, 다시 말해, 까르마에 어긋나기 때문이다).

–싸라하(Saraha)

상견을 믿는 사람은 선도善道로 가나,
단견을 믿는 사람은 악도惡道로 간다.

–보만론(The precious Jewel Garland)

상견을 믿는 사람은 구제가 가능하나, 단견을 믿는 사람은 구제가 불가능합니다.

● 상견常見: 독립적인 자아나 영혼의 존재를 단정하는 견해(eternalism)
● 단견斷見: 공空을 무無와 혼동하고 인과의 법칙을 부정하는 견해(nihilism)

상견=유有에 대한 믿음 / 단견=무無에 대한 믿음
공空은 '없는 상태'가 아니라 '나타나는 것(색色)'의 뒷면, 또는 터전이나, 가능성(잠재성)입니다.

그릇된 견해의 무서움

〔평생수행자료〕

> 저는 절대적으로 확신합니다, 아우슈비츠와 트레블린카, 마이다넥의 가스실을 궁극적으로 준비한 것은 베를린에 있던 어떤 정부 관청이라기보다 허무주의적인〔불교용어로, 단견을 가진〕 과학자들과 철학자들의 책상과 강의실이었다고.
>
> –빅터 이. 프랭클(Viktor E. Frankl)

허무주의와 부조리, 염세 철학 책과 문학작품들은 우리가 상상조차 할 수 없을 정도로 많은 순진한 사람들을 죽음으로 인도해 왔고 이 무서운 비극은 아직도 계속되고 있는 것 같습니다. 사회의 지도자라 자부하는 지성인들이 어째서 이런 끔찍한 일을 저지르는 걸까요? 무엇이 바른 가르침이요 철학인지 무엇이 그릇된 가르침이요 철학인지 그들 자신이 모르기 때문입니다. 그들이 하는 공부는 세속적인 진리에만 국한되어 있습니다.

가장 섬세한 마음만이 궁극적인 진리에 접근할 수 있는데, 지성은 이것을 할 수 없습니다. 이것이 세속적인 공부의 한계입니다.

뿐만 아니라 종교 교육에서는 해야 할 행동과 하지 말아야 할 행동을 명확하게 아는 것이 매우 중시됩니다. 따라서 이런 교육을 제대로 받고 실천하는 참된 수행자들은 결코 남들을 불행으로 끌고 가지 않습니다.

종교 교육은 우리들 자신의 행복을 위해서뿐만 아니라 남들을 불행으로 인도하지 않기 위해서도 반드시 필요합니다. 세속적인 공부만으로는 결코 완전한 행복을 얻을 수 없습니다. 무슨 이유로든 세상에서 가장 높고 중요한 공부를 외면하는 것은 자기 자신에게 가장 큰 불이익을 주는 것입니다.

그릇된 견해에 대한 참회

〔핵심교의〕〔죽음준비자료〕〔평생수행자료〕

● 자주 읽고 또 읽으며 생각해 보십시오.

"옴! 진리의 세계(법계法界)는 희론(헛된 분별)으로부터
벗어나 있는데 주객을 둘로 봄(분별)은
얼마나 잘못된 것인가!
사물의 모양(상相)을 분별함은 얼마나 미혹한가! 이 잘못
을 희론에서 벗어나 있는 대락大樂의 법계에 참회합니다.

(진리, 공성을) 깨달은 마음엔 태어남이나 죽음이 없는데
금생과 내생을 둘로 봄은 크나큰 피폐이고,
생사를 둘로 나눔(분별)은 너무도 큰 미혹이니
생사 없는 불변의(변하지 않는) 법계에 참회합니다.

각성(순수한 의식)의 지혜엔 상주常住 단멸이 없는데
상단常斷(상주 단멸)을 둘로 봄은 크나큰 슬픔이요,
유무有無를 둘로 나눔은 실로 큰 미혹이니

상단을 여읜 본래의 지혜의 법계에 참회합니다.

진리의 몸(법신法身)에는 일체의 차별이 없는데
내심(주체)과 외경(객체)을 둘로 봄은 크나큰 피폐요,
유정有情 무정無情을 둘로 나눔은 크나큰 미혹이니
이 잘못을 불변의 법신(진리의 몸)에 참회합니다."

궁극적인 진리의 세계는 변함없는 기쁨의 세계입니다! 이 진리는 변하지 않으며 그것의 깨달음은 기쁨입니다.

죽음에 대한 공포로부터 벗어나는 길

(죽음준비자료)

대부분의 사람들의 생각에 의하면 죽음이 일어나는 것은 심장이 박동을 멈추는 때입니다. 그러나 이것은 그 사람이 죽었다는 것을 의미하지 않습니다.
왜냐하면 그의 섬세한 마음은 아직도 그의 몸에 남아 있을 가능성이 있기 때문입니다. 죽음이 일어나는 것은 섬세한 마음이 마침내 몸을 떠나 다음 생으로 갈 때입니다.
우리의 몸은 여인숙과 같습니다. 죽을 때 우리의 마음은 이 몸을 떠나 우리의 다음 생의 몸으로 들어가야 합니다. 마치 손님이 한 여인숙을 떠나 다른 여인숙으로 가듯이.

–껠쌍 갸초(Kelsang Gyatso)

마음은 신체적인 것도 아니고, 순전히 신체적인 과정들의 부산물도 아니며, 형태가 없는(formless) 연속체(continuum)로 신체와 별개의 존재(a separate entity)입니다.

죽을 때 몸은 붕괴되나 마음은 끝나지 않습니다. 비록 피상적인(거친) 의식의 마음은 끝나지만, 그것은 끝나면서 더 깊은 의식 수준, 매우 섬세한 마음속으로 용해됩니다. 이 섬세한 마음의 연속체는 시작도 끝도 없습니다. 바로 이 마음이, 완전히 정화되면, 바뀌어서 붓다의 일체지一切智의 마음이 됩니다.

–껠쌍 갸초(Geshe Kelsang Gyatso)

우리들의 매우 섬세한 마음이 바로 우리들의 성불成佛의 씨앗인데, 이것을 만날 수 있는 것은 두 가지 길밖에 없습니다. 하나는 명상수행을 통해서이고 또 하나는 죽음을 통해서입니다. 그러나 수행을 하지 않는 분들은 죽음의 과정에서 마지막 결정적인 순간에 의식을 잃어버린답니다. 반면에 수행을 많이 하신 분들은 공성에 대한 명상 속에 머물면서 깨달음을 완성한다고 합니다.

"(매우 섬세한) 마음은 무생입니다(Mind is birthless)!"
"지혜의 마음은 무생입니다(Wisdom mind is unborn)!"

–출처 미상

죽음 수행 1

> 날마다 사람들은 생각한다,
> ‘나는 오늘 안 죽을 거야, 나는 오늘 안 죽을 거야.’
> 그러면서 죽을 때까지 이런 생각에 매달린다. 그러므로
> 자기가 죽지 않으리라는 생각은 모든 퇴보의 원천이고,
> 이것에 대한 치료법은 죽음에 대해 기억하는 것인데,
> 이것은 모든 좋은 일의 원천이다.
> –쫑카빠

가끔 화장하는 곳을 찾아가 ‘홍길동 화장 중’이라는 게시를 볼 때 주어진 이름 자리에 자신의 가족 이름이 나오는 것을 상상해 보고, 어린 아이들만 남겨놓고 갑자기 떠난 젊은 엄마에 대한 가족들의 가슴을 찢는 것 같은 오열에 귀기울여 보십시오. 그리고 시체나 다름없는 노인의 얼굴에서 자기 자신의 미래를 상상해 보십시오.

'나는 죽을 겁니다, 당신은 죽을 겁니다.'
이것이 저의 스승님께서 제게 가르쳐 주신 것 전부입니다.
이게 제가 수행하는 것 전부입니다.
여기에 대해 수행해 보세요.
제가 약속하건데 이보다 더 위대한 수행은 없습니다.
–둡톱 최윻(Drubthop Chöyung)

죽음은 우리들의 삶의 가장 큰 스승입니다. 그것은 인생에서 가장 중요한 것이 무엇인지 우리들에게 가르쳐 주니까요.

아침에 본 많은 사람들 중에
일부는 저녁에 보이지 않네.
저녁에 본 많은 사람들 중에
일부는 아침에 보이지 않네.
–출처 미상

깨달으신 후 부처님의 첫 번째이자 마지막 가르침

〔핵심교의〕〔평생수행자료〕

무상無常
impermanence

무상에 대한 사유는 이번 생에 대한 애착을 잘라내네.
윤회의 고통에 대해 생각하고 또 생각하면 윤회가
얼마나 무가치한지 그대는 깨닫게 되네. 이것이
그대에게 해탈을 위해 노력할 결의(출리심)를 준다네.
만일 그대가 이렇게 하면, 그대는 너무도 운이 좋으니–
이것이 행운의 의미라네.
–출처 미상

무엇이 행운인지 모르는 분들은 그 행운의 축복을 받지 못할 것입니다.

아, 얼마나 아름답고 우리들을 치유해 주는 신비인가.
변화와 무상의 진리에 대해 계속해서 두려움 없이
사유함으로써 우리가 서서히, 고마움과 기쁨 속에서,
변하지 않는 진리, 죽음 없는 진리, 마음의 영원한
성품과 만나게 된다는 것이.
–소걀 린뽀체(Sogyal Rinoche)

윤회가 있기에 열반이 가능하므로 윤회는 열반으로 올라가기 위해 밟고 가는 디딤돌과 같은 것입니다. 다시 말해, 고통은 영원한 안락으로 인도해 주는 안내자입니다.

모든 현상은 변하는 과정의 표현

〔평생수행자료〕〔핵심교의〕

새로운 사고의 틀(방식)에 따라 우리들은 생각합니다.
과정이 주가 되고, 우리들의 눈에 보이는
모든 구조〔색色〕는 그 밑에 놓여 있는
과정〔공空〕의 표현이라고.
–출처 미상

현대과학은 모든 것이 무상하고 공하다는 것을 보여줍니다.

과정=연기緣起=변화=무상無常=공성空性
→개인적인 해탈로 가는 길

원인〔인因〕과 조건〔연緣〕에 따라서 일어났다(연기)가 사라지는 것은 독립적으로 존재하지 않으므로 공空하다고 합니다. 세상에는 연기하지 않는 것은 아무것도 없으므로 모든 것은 공할 수밖에 없습니다. 공하지 않으려면 독립적으로 영원히 존재해야 하는데, 세상에는 이런 것이 아무것도 없습니다.

연기=상호 의존 → 전체적인 합일로 가는 길

여기서 우리는 무한한 자유(해탈)와 전체와의 하나(합일)가 주는 커다란 행복으로 가는 너무도 소중한 길을 발견할 수 있습니다.

양면성의 축복

신기하게도 모든 것으로부터 벗어나는 것(해탈)이 모든 것과 하나가 되는(합일) 길입니다!

무상無常에 대한 사유〔수행〕로부터 얻는 삶의 지혜

〔평생수행자료〕

지금 이 순간의 '나'는 바로 전 순간의 '나'에 의존해서 일어난 존재입니다. 바로 전 순간의 '나'가 없었다면 지금 이 순간의 '나'는 존재할 수 없습니다.

이 과정을 잘 살펴보면 우리는 한 가지 매우 중요한 사실을 발견할 수 있습니다. 오늘의 나는 분명히 어제의 나의 연속이지만, 오늘의 나는 어제의 나와 분명히 다르다는 것입니다. 어제의 나가 사라지고 새로운 나가 일어나지 않았다면 오늘의 나는 있을 수 없기 때문입니다. 이해가 잘 안 되는 분들은 지금의 나(30대라고 가정하죠)를 열 살 때의 나와 비교해 보십시오. 만일 그때의 나가 사라지지 않고 그대로 계속되었다면 오늘의 나는 있을 수 없습니다.

존재하는 것은 모두 매순간 사라졌다가 다시 일어나는 과정을 거친다는 얘깁니다. 찰나생찰나멸刹那生刹那滅이라는 말이 이것을 가리킵니다. 이렇게 보면 우리는 끊임없는 생성生成과 소멸消滅, 삶과 죽음의 과정 속에 있습니다. 우리는 끊임없이 매순간 죽었다가 다시 태어나는 셈입니다.

여기서 우리는 매우 중요한 삶의 지혜를 배울 수 있습니다. 예를 들어, 어제 어떤 친구로부터 몹시 심한 말을 들었다고 가정해 보죠. 그래서 지금까지도 그를 용서할 마음이 나지 않습니다. 이럴 경우에 찰나생찰나멸 원리를 적용해 보면 쉽게 마음이 바뀔 수 있습니다. 오늘의 나는 어제의 나가 아니고, 그 친구도 이제 어제의 그 친구가 아니기 때문입니다. 용서할 사람과 용서 받을 사람이 이미 과거 속으로 사라져버렸으니 없었던 일로 치면 됩니다.

T. S. 엘리어트는, 〔그의 희곡〕 *칵테일 파티*에서 말했습니다.

> 우리가 다른 사람들에 대해서 아는 것은 우리가 그들을 안 순간들에 대한 우리의 기억일 뿐입니다. 그런데 그들은 그 이후 변했으므로……만날 때마다 우리는 우리가 모르는 사람을 만나는 셈입니다.

죽음 수행 2

죽음의 원인은 404가지 유형의 질병이나 80,000가지
부정적인(나쁜) 영향들이 있습니다.
-출처 미상

이것들은 모두 무지로 인한 세 가지 마음의 독(3독毒)인 탐(탐욕) · 진(분노) · 치(무지)에서 나오는 것들입니다. 그러므로 마음의 독을 씻어내는 것은 마음의 질병뿐만 아니라 몸의 질병도 고칠 수 있는 길입니다.

죽음은 누구에게나 언제든지 찾아올 수 있으므로 생명을 위협하는 질병에 걸려 있는 것과 그런 질병에 걸려 있지 않는 것은 사실상 차이가 없습니다.

죽음과 삶 사이의 차이는 한 호흡이다.
-밀라래빠

죽음과 삶 사이가 너무 짧고 아무것도 확실한 것은 없으니 지금 우리가 내쉬는 이 숨이 마지막 숨이 될 수 있습니다.

> 만일 오전에 죽음에 대해 사유하지 않는다면, 그 오전은 낭비된 것이다. 만일 오후에 죽음에 대해 사유하지 않는다면, 그 오후는 낭비된 것이다. 만일 저녁에 죽음에 대해 사유하지 않는다면, 그 저녁은 낭비된 것이다.
>
> —아띠샤(Atisha)

죽음은 삶의 가장 큰 스승이므로 죽음에 대해 끊임없이 생각하는 분들은 하찮은 일에 너무도 소중한 인생을 낭비하지 않습니다.

죽음에 대한 수행의 이득 1: 욕심 감소

〔평생수행자료〕〔죽음준비자료〕

탐욕과 인색함이 적으면 다음 생에 굶주린 귀신(아귀)으로 태어나는 불행을 막을 수 있습니다.

> 만일 여러분이 죽음에 대해 생각하면,
> 여러분에게 필요한 것은 아무것도 없습니다.
> 띵리 사람들이여,
> 언제나 여러분의 죽음을 마음속에 간직하십시오.
>
> –빠담빠 상예(Padampa Sangye)

내면의 평화를 위한 기도

저는 오늘이나 내일 죽을 수 있습니다.
그러니 제게 무엇이 필요하겠습니까?

저는 고귀한 스승님 붓다에게 귀의합니다.
제게 축복을 내리시어
제게 아무것도 필요하지 않다는 깨달음이
제 마음의 흐름(mindstream)에
밝아 오게 하소서.
–출처 미상

욕심이 많을수록 마음은 더 가난하고 거칠어지고
욕심이 적을수록 마음은 더 넉넉하고 부드러워지며
욕심이 없으면 마음은 한없이 넉넉하고 평온해집니다.

죽음은 우리들에게 아무것도 필요하지 않다는 것을
깨닫게 해 주고, 무상無常과 공성空性은
우리들이 매달리거나 소유할 수 있는 것은 근본적으로
아무것도 없다는 것을 가르쳐 주는 귀한 스승님들입니다!

가장 평온한 마음을 유지하기 위한 최상의 만뜨라

〔핵심교의〕〔평생수행자료〕

행운아들만이 만날 수 있는 이 귀한 가르침을
통해 당신도 도인의 행복을 얻을 수 있습니다!

- 뭐가 일어나야 하든, 일어나게 내버려두라!
  (간섭하지 않기-불간섭)
- 무슨 상황이든, 좋다!(받아들이기-수용)
- 나는 실제로 필요한 게 아무것도 없다!
  (욕심 내지 않기-무욕無慾)

모든 것은 최선을 향해 움직이므로 간섭하지 않고 내버려두는 것이 가장 좋습니다. 모든 것을 수용하면 우리는 모든 것으로부터 해방됩니다. 욕심을 놓아주면 호흡이 안정되어 몸도 좋아집니다.

수용은 합일의 평화로 가는 길

패배를 받아들이는 것-죽는 것을 배우는 것-은
그것으로부터 해방되는 것입니다.
일단 당신이 받아들이면,
당신은 자유로이 흐르며 화합할 수 있습니다.
유동성(fluidity)은 빈 마음으로 가는 길입니다.
당신은 당신의 야망을 품은 마음을 해방시키고
죽는 기술을 배워야 합니다.
-이소룡 (Bruce Lee)

이소룡-그는 상당한 자유에 도달한 대단한 도인이었습니다!

죽음에 대한 수행의 이득 2: 악업 중단, 선업 실천

〔평생수행자료〕〔핵심교의〕

죽음과 무상에 관해 오랫동안 생각해 보십시오. 당신이 죽을 거라는 데 대해 확신이 생기면, 당신은 더 이상 어렵지 않게 남들에게 해가 될 행동〔악업惡業〕은 버리고 바른 행동〔선업善業〕을 실천할 것입니다.
그런 다음, 오랫동안 사랑과 자비에 대해 사유하십시오. 사랑이 당신의 마음을 가득 채우면 당신은 더 이상 어렵지 않게 남들을 위해 행동(이타행)할 것입니다.
다음에는 오랫동안 모든 현상의 본성인 공성空性에 대해 생각해 보십시오. 당신이 공성을 완전히 이해하면, 당신은 더 이상 어렵지 않게 모든 당신의 번뇌를 버릴(해탈할) 수 있을 것입니다.

–뽀또와(Potowa)

수행 순서:

1. (죽음 + 무상) 사유 → 악업 포기 + 선업 실천.

2. (사랑 + 자비) 사유 → 이타행.

3. 공성 사유 → 번뇌 제거.

자신의 죽음까지도 이타행으로 만드는 수행자의 행복!

행복하든 불행하든, 건강하든 건강하지 않든, 우리는 뭐든 우리가 경험하는 것을 이용하여 다른 중생들을 이롭게 해야 합니다. 우리가 죽어가고 있더라도 우리는 죽음에 대한 우리의 경험을 모든 중생들에게 유익하게 만들어야 합니다.

–라마 조빠 린뽀체(Lama Zopa Rinpoche)

언제 어디서나 남들을 이롭게 하는 것–이것이 자기 자신을 가장 잘 위하는 지혜와 사랑의 길입니다!

고독사는 오히려 축복이 될 수 있습니다!

불교 수행자들이 죽는 세 가지 방법이 있습니다.

1. 아이처럼 죽기: 죽는 것과 죽지 않는 것에 대한 개념이 없이 죽는 것을 의미합니다.
2. 걸인처럼 죽기: 죽음의 환경에 대해 상관하지 않는 죽음입니다.
3. 사자처럼 죽기: 환경에 대한 애착을 끊은 죽음을 의미합니다. 사자는 죽을 때가 되면 외진 곳에 가서 혼자 죽는다고 합니다. 혼자 죽는 것이 불행한 것이 아닙니다. 행복하지 않은 마음으로 죽는 것이 불행한 죽음입니다.

고독은 너무도 소중한 자원

자기 자신의 존재 속에 머무는 것이
성인聖人과 함께 있는 것입니다.
–슈리 니사르가다따 마하라지(Sri Nisargadatta Maharaji)

우리들 내부에 붓다의 씨앗인 불성佛性이 있기 때문입니다. 혼자 있는 시간은 결코 불행한 시간이 아닙니다. 그렇게 여기는 것이 자신을 불행하게 만들 뿐입니다. 그것을 너무도 소중한 자기 자신의 본성인 붓다의 공성의 지혜와 한없는 사랑을 만날 수 있는 기회로 삼으면 우리는 세상에서 가장 소중한 깨달음의 행복을 만날 수 있습니다.

인생의 마지막을 맞이하는 몸의 자세

〔죽음준비자료〕

결가부좌

높은 경지의 수행자들은 이 자세로 죽음을 맞이하는 분들이 많습니다. 어떤 티베트 수행자께서 돌아가시기 전에 대변을 보시고 참선 자세로 들어가셨다는 것을 책에서 읽고 필자는 치질을 해결해야겠다는 결심을 하게 되었는데 신기하게도 이 소망이 기적처럼 금방 이뤄져 그 곳이 그 전보다 훨씬 더 튼튼하고 건강해졌습니다.

가장 높은 경지의 수행자들은 삶의 마지막 순간 선정 속에서 거친 몸을 구성하는 다섯 가지 요소(지 · 수 · 화 · 풍 · 공)들을 그 본질인 다섯 가지 광명 속으로 용해시켜 무지개 몸으로 해탈합니다. 이렇게 하는 데 7일이 소요되는데, 만일 이 기간 중에 방해를 받으면 무지개 몸을 완성하지 못한다고 합니다.

사자 자세

앉아서 마지막을 맞이할 수 없는 경우에 가장 많이 취하는 자세가 부처님의 열반 자세입니다. 이것은 오른쪽으로 누워 왼손은 왼쪽 넓적다리 위에 올려놓고, 오른손은 아래턱 밑에 놓고 오른쪽 콧구멍을 막습니다. 두 다리는 뻗고 약간 구부립니다. 이렇게 하면 번뇌가 일어나는 것을 막고 죽을 때 정광명(존재의 공성과 이것을 깨닫는 지혜의 마음)을 인식하는 것을 돕고 의식이 정수리를 통해 몸을 떠나는 데 도움이 된다고 합니다.

예기치 못한 사고사에 대비해 어떤 예상치 않은 어려움 속에서도 당황하거나 두려워하지 않고 맑고 밝은 마음과 좋은 마음속에서 마지막을 맞이할 수 있게 미리미리 연습해 둬야 합니다.

결가부좌의 일곱 가지 목적

〔핵심교의〕〔평생수행자료〕

> 격자처럼 앉는 것은 몸에 온기가 나게 하고, 척추를 똑바로 세우면 몸의 바람이 제자리(중맥, central channel)로 들어가며 마음이 기쁘고 깨어 있는 느낌이 듭니다.
> 선정인은 몸과 마음을 편안하게 하고, 쇠갈고리처럼 사지를 옭아매면 생각이 일어나는 것을 막습니다.
> 몸을 완전히 확장하면 몸의 핵심 바람 중심점이 조절되고, 구리처럼 몸을 단단히 하면 몸에 빨리 온기가 나며, 눈을 코끝을 따라 아래로 향하면 집중이 잘 되기 때문에 마음이 맑아집니다.
> —출처 미상

모든 중생들에 대한 사랑의 표시로 양쪽 어깨는 부드럽게 유지하고, 선정인 대신에 두 손을 양쪽 무릎 위에 편안하게 올려놓기도 하는데 이것은 법성法性(진리)에 머무는 것을 상징한다고 합니다.

이렇게 몸의 자세를 바르게 하면, 몸의 바람이 움직이지 않으므로 생각이 가라앉아 본래의 지혜가 실현되는 것을 촉진시킨다고 합니다. 뿐만 아니라 이 자세로 청정하지 않은 업풍業風이 정지되고 부정한 맥도(channels)의 문이 닫히며 청정한 맥도의 문이 열린다고 합니다.

옛날 인도의 숲속에서 아라한들이 이런 자세로 앉아 있을 때, 원숭이들이 흉내를 낸 결과 그들도 어느 정도 마음의 안정을 얻었다 합니다. 수행은 온 세상의 평화에 이바지합니다.

사람들을 직접 도와주는 일도 중요하지만 수행자들에게는 수행 자체가 더 중요합니다. 완전한 깨달음을 성취해야 더 많은 분들을 깨달음의 행복으로 인도할 수 있기 때문입니다.

바르도 중생들의 세계
〔죽음준비자료〕

바르도의 유정들은 두려움과 배고픔, 목마름과 피로에 시달리며 바람 속의 깃털처럼 이리저리 날아다닙니다. 이들에게는 인체의 생명의 바람이 이동하고 머무는 맥도脈道(channels)가 없으므로 이동하는 바람 에너지가 걷잡을 수 없이 움직이는데 바르도의 중생들은 이 바람의 움직임을 통제할 능력이 없습니다.

바르도의 중생들이 겪는 또 하나의 큰 어려움은 이들에게는 내부의 해와 달(남자의 백정白精과 여자의 적정赤精)이 없기 때문에 외부의 해와 달에 대한 지각이 없고 여명의 빛과 같은 희미한 빛 속에서 온갖 무서운 환상에 시달립니다. (이때에 대비해 어둠에 적응하는 훈련이 필요합니다.) 이런 환상은 외부로부터 나오는 것이 아니고 자기 자신의 마음의 습성에 의해 나타나는 현상일 뿐입니다.

게다가 바르도의 유정들의 의식은 매우 예리하고(살아 있었을 때보다 7배 혹은 9배 더), 따라서 감정도 그만큼 더 강렬하다고 합니다.

그러므로 우리는 항상 감정을 다스리는 훈련을 해야 합니다.

그러나 죽기 전에 부처님의 가르침을 수행한 분들은 어딜 가나 음식을 제공받고, 점잖은 동반자들이 호위해 주며, 즐거운 일들만 일어난다고 합니다.

우리 내부에도 해와 달이 있다는 것은 우리가 소우주이고 본질적으로 빛의 존재, 지혜의 존재라는 것을 보여줍니다. 우린 모두 우주의 가족, 고귀한 지혜와 사랑의 존재들입니다.

> 경고: 돌아가시기 직전에 떠나실 분의 정수리 외의 부분은 절대로 만지지 말아야 합니다!
> (죽음준비자료)

> 3일 반 동안은 시신을 집안에 모셔놓고 가끔 정수리를 가볍게 두드려서 그 곳으로 의식이 떠나게 유도합니다.
> –출처 미상

왜냐하면 사자死者의 정수리를 만지면 그의 정수리 차끄라(chakra)의 문이 열려 그의 의식이 그곳을 통해서 몸을 떠날 수 있게 되어 그는 삼선도에 태어날 수 있게 됩니다. 그러나 그의 몸의 아랫부분을 만지게 되면 그의 의식이 그의 몸의 아래 쪽 문을 통해서 떠나게 되어 삼악도에서 태어나게 된답니다.

이런 중대한 사실을 몰라서 우린 지금도 사랑하는 분들을 삼악도로 보내고 있을지 모릅니다. 남녀노소 누구나 죽음에 대해 공부해야 할 이유가 여기에도 있습니다.

사자死者의 고통을 덜어줄 수 있는 길은 있습니다!

바르도의 기간 49일의 과정에서 매주 자기가 죽은 날 사자의 의식은 죽음의 순간의 고통스러운 경험을 다시 겪는다고 합니다. 그래서 매주 사자를 위해 제사나 기도를 해 주면 이 고통을 덜어주는 효과가 있다고 합니다. 그러나 청정하지 않은 마음으로 하는 기도나 제사는 오히려 해가 될 수 있으므로 주의해야 합니다.

이 괴로운 경험의 되풀이는 우리들을 교육시키기 위한 것처럼 보입니다. 이런 과정을 통해서 우리는 악업의 허물인 고통과 선업의 이득인 기쁨을 마음속에 새기고 또 새겨야 합니다. 다시는 고통의 길을 가지 않도록.

죽은 뒤에 다시 태어나는 곳과 원인

〔죽음준비자료〕〔평생수행자료〕

지옥중생들은 미움(성냄)으로 묶여 있고,
아귀는 인색함(혹은 탐욕)으로,
그리고 동물들은 어리석음으로 묶여 있네.
사람들은 정욕情慾으로 묶여 있고,
아수라는 질투로,
그리고 천신들은 자만으로 묶여 있으니,
이들 여섯 가지가 해탈의 장애라네.
–밀라래빠

여섯 가지 왜곡된 우리들의 내부 마음상태(번뇌)가 우리들을 외부 육도六道로 인도합니다. 이것이 보여주는 것은 내심內心과 외경外境이 하나라는 것과 해탈의 길은 우리들의 마음 안에 있는 윤회의 원인인 번뇌를 없애는 일이라는 것입니다.

번뇌를 왜곡된 마음상태라고 부르는 이유는 우리들의 본래의 마음은 청정한 불성의 지혜와 자비이기 때문입니다.

탐욕과 분노로 일그러진 무거운 마음은 마음의 안정뿐만 아니라 얼굴도 보기 흉하게 만들고 몸의 안정도 깨뜨립니다.

모두들 본래의 아름다운 마음으로 몸과 마음의 건강 되찾으소서!

흡연 같은 나쁜 습관을 끊는 가장 효과적인 방법

자기 자신을 괴롭히는 것은 최종적으로 자기 자신입니다. 남들이 자기를 아무리 못 살게 굴더라도 자신이 그것을 받아들이지 않으면 자기는 아무런 해를 입지 않기 때문입니다. 그러니까 우리가 거기에 매달리지 않으면 아무것도 우리들을 괴롭히지 못합니다.

그러므로 모든 괴로움의 해결책은 집착을 끊는 것인데, 어떤 것이 가장 효과적인 방법일까요? 예를 들어, 담배를 끊는 방법에 대해 생각해 봅시다.

먼저 흡연의 허물에 대해 생각해 봅니다. 담배를 피울 때에 무려 4천여 가지의 유해물질이 배출된다는데, 이것이 사람들에게 끼칠 해를 곰곰이 생각해 봅니다. 흡연하는 분들은 살아 있을 때도 고통을 받을 뿐만 아니라 죽을 때도 알아차리는 의식이 흐려져서 좋은 길을 찾아갈 수 없다고 합니다.

다음에는, 금연의 이익에 대해 생각해 봅니다. 그것은 자신의 건강에 도움을 줄 뿐만 아니라 남들에게도 좋은 영향을 줄 수 있습니다. 그동안 자신의 흡연으로 수많은 분들과 생명체들이 받았을 해를 생각하여 다시는 이런 짓을 하지 않겠다고 다짐하고 또 다짐합니다.

담배를 끊어야겠다는 것을 확실히 깨달으면 당장 그 자리에서 딱 끊는 것이 가장 효과적입니다. 다음 달부터 시작한다든지 차츰 줄여 나가는 것은 처음의 결심을 점점 약화시키므로 성공하기 어렵습니다.

마지막으로 공성空性의 지혜에 의지하여 나쁜 습관들에 대한 집착의 싹을 완전히 제거합니다. 궁극적으로 세상에는 집착할 대상도 집착할 주체도 없습니다. 청정한 공성의 바다에서 그대 마음 씻고 또 씻으며 더 이상 그 고약한 불 속에 소중한 당신의 생명을 태우지 마십시오.

돌아가실 때의 당신의 마음상태가 내생을 결정합니다!

(죽음준비자료)

> 편안한 마음으로 돌아가시면 이것이 선善한 업業의 씨앗을 자극하여 돌아가시는 분은 선도善道에 태어나게 됩니다. 그러나 편치 않은 마음으로, 예를 들어, 화가 나서 돌아가시면, 이것이 불선한 업의 씨앗을 자극하여 돌아가시는 분은 악도惡道로 가게 됩니다.
>
> –출처 미상

그러므로 우리는 죽기 전에 우리의 마음을 좋은 방향으로 집중하는 훈련을 부지런히 해 둬야 합니다.

마지막 순간 마음집중의 중요성

〔죽음준비자료〕

바르도(bardo)의 의식은 받쳐주는 신체가 없기 때문에 안정시키기가 어렵다. 그러나 만일 마음을 집중할 수 있으면, 어려움 없이 바르도를 통과할 수 있다. 중음계에서는 한 차례 마음을 집중해 명상하면 해탈할 가능성이 있다.

–나로빠(Naropa)

죽어가는 과정에서 한 순간의 부주의가 바르도 기간 중에 진실을 인식할 당신의 기회와 재탄생에 큰 영향을 미칠 수 있다.

–출처 미상

마음을 집중하여 외경과 내심이 둘이 아닌 합일의 마음상태에 평온하게 머무르기 위한 훈련이 가장 중요한 죽음 준비입니다.

까르마karma 업業

죽을 때까지 우리들이 단 한 순간도 잊지 말아야 할 것은

악업은 반드시 고통을 가져오고
선업은 행복을 가져온다는 것입니다.

이것 하나만 기억하고 지키며 살아도 살아 있을 때는 물론이고 죽은 뒤에도 많은 고통을 면하게 될 것입니다.

부처님의 말씀에 의하면, 우리가 하는 모든 행동은 우리의 매우 섬세한 마음에 습기習氣를 남기고, 모든 습기는 결국은 고유한 결과를 낳습니다.
우리의 마음은 밭과 같고, 행동을 하는 것은 그 밭에 씨

를 뿌리는 것과 같습니다. 선하거나 긍정적인 행동은 미래의 행복의 씨를 뿌리고, 선하지 않거나 부정적인 행동은 미래의 불행의 씨를 뿌립니다.
우리가 과거에 뿌린 씨는 휴면 상태로 남아 있습니다, 이들이 익는 데에 필요한 조건이 갖춰질 때까지. 어떤 경우에는 이것이 여러 생生일 수 있습니다. 그 최초의 행동이 행해진 뒤에.
–게쉐 껠쌍 갸초(Geshe Kelsang Gyatso)

나가르주나(Nagarjuna) 존자에 의하면, "만일 우리가 한 중생을 속이면, 우리는 다른 중생들에 의해 1000생 동안 속임을 당하게 된다."고 합니다. 악업은 꿈속에서라도 짓지 않도록 최선을 다하는 것이 최선의 길이라는 것을 꿈속에서도 잊지 마십시오!

까르마의 네 가지 원칙

1. 행위는 유사한 결과를 낳는다.
2. 결과는 행위보다 더 크다.
3. 우리는 우리가 하지 않은 행위의 결과는 만나지 않는다.
4. 일단 어떤 행위를 하면, 그 결과는 사라지지 않는다.

선업을 짓는 분이 고통 받는 이유

〔평생수행자료〕

보리심 같은 청정한 선한 행위가 그대의 마음속에 일어날 때 질병과 같은 고통이 일어날 수 있네.
설해진 바에 의하면, 이것은 그대가 과거에 쌓은 업 때문인데, 그런 선업의 힘 덕분에, 그것은 단지 인간의 고통으로 익었을 뿐이라네.
지옥에서 태어나는 것과 같은 고통 대신에 말일세. 악도惡道에서 태어날 필연성을 그렇게 해서 면하게 된 것이라네.

–출처 미상

우리들의 눈에 고통처럼 보이는 것이 단순히 고통이 아닐 수 있고, 행복처럼 보이는 것이 단순히 행복이 아닐 수 있습니다.

악업을 짓는 분이 복을 받는 이유

> 설해진 바에 의하면, 강한 악업을 지은 사람들이 큰 복을 누리는 〔것처럼 보일〕 때, 그것이 보여주는 것은 그들의 강한 악업의 힘 때문에, 그들이 과거에 쌓은 광범위한 공덕이 더 높은 곳으로 올라가게 해 주었을 텐데, 이생의 하찮은 즐거움 속에 소진되어, 지금부터 그들은 고통만 겪게 될 것이네.
>
> –출처 미상

일이 잘 된다고 자만하지 말고 자기가 소중한 공덕을 까먹고 있다는 것을 명심하여 부지런히 새로운 공덕을 쌓아나가야 계속해서 복을 누릴 수 있습니다.

열 가지 불선업不善業과 과보

〔핵심교의〕〔죽음준비자료〕〔평생수행자료〕

너무도 무서운 악업–꿈속에서도 짓지 말아야 합니다!

몸(신身)으로 짓는 세 가지 악업과 과보

- 살생(← 미움) → 사후에 지옥중생으로 다시 태어남
- 투도(도둑질 ← 탐애) → 아귀로 다시 태어남
- 사음(그릇된 성행위 ← 탐애) → 아귀로 다시 태어남

말(구口)로 짓는 네 가지 악업과 과보

- 망어(거짓말 ← 어리석음) → 축생으로 다시 태어남
- 양설(이간질하는 말 ← 미움) → 지옥중생
- 악구(험한 말 ← 미움) → 지옥중생
- 기어(쓸데없는 잡담 ← 어리석음) → 축생

마음(의意)으로 짓는 세 가지 악업과 과보

- 탐애(탐욕, 애착) → 아귀로 다시 태어남

• 진에(성냄, 미움) → 지옥중생

• 치암(무지, 그릇된 견해) → 축생으로 다시 태어남

높은 가르침에 의하면 가장 작은 곤충까지도 해치지 말고, 그들에게 추호의 악의도 갖지 말며, 동물들이 가진 것들조차 훔치지 말라고 합니다. 모두가 우리들의 가족이고, 미래에 성인聖人이 될 귀한 존재들이니까요.

> 남들과 함께 있을 때는 당신의 말(구업口業)을 지키고
> 혼자 있을 때는 당신의 마음(의업意業)을 지키시오.
> —아띠샤(Atisha)

동기(의도)에 따라 같은 악업이라도 과보가 달라집니다

〔죽음준비자료〕〔평생수행자료〕

살생의 동기가 무지〔치癡〕인 경우에 살생한 사람은 동물로 다시 태어나고, 살생의 동기가 탐욕〔탐貪〕으로 고기, 가죽, 뿔, 상아 등을 얻기 위한 것이라면 그는 아귀로 다시 태어나게 되며, 화〔진瞋〕가 나서 살생한 경우에는 그는 지옥에서 다시 태어나게 됩니다.

자살의 과보도 마찬가지로 동기에 따라서 결정될 것입니다.

남을 죽이는 것보다는 자기가 죽임을 당하는 것이 더 낫겠지만, 상대방은 지옥에 갈 테니 막아야 합니다. 모든 수단을 동원하여, 필요하면 몸까지 줘서라도 살인을 막는 것이 상대는 물론 자기 자신을 가장 잘 보호하는 지혜와 사랑의 길입니다.

밖에 나갈 때는 개미 한 마리도 죽이지 않도록 주의해야 합니다. 미물도 생명공동체의 소중한 구성원, 우리들의 가족입니다.

가장 큰 행복으로 인도하는 마음(보리심)

〔핵심교의〕〔죽음준비자료〕〔평생수행자료〕

제자를 지도하시던 어떤 스승님이 시간이 좀 흐른 뒤에 말씀하셨습니다.

"여보게, 우리 보리심(bodhicitta)이 좀 약해진 것 같으니 잠시 보리심을 다진 뒤에 다시 공부하세."

보리심은 모든 고통 받는 중생들을 완전한 깨달음의 행복으로 인도하려는 가장 넓고 큰마음이기 때문에 뭐든지 보리심을 갖고 하면 그것은 최상의 행위가 됩니다. 예를 들어,

보시 + 보리심=보시바라밀(보시 수행의 완성)
지계 + 보리심=지계바라밀(지계 수행의 완성)〔계戒〕
정진 + 보리심=정진바라밀(정진 수행의 완성)
인욕 + 보리심=인욕바라밀(인욕 수행의 완성)
선정 + 보리심=선정바라밀(선정 수행의 완성)〔정定〕

지혜 + 보리심=지혜바라밀(지혜 수행의 완성)〔혜慧〕

계 · 정 · 혜를 흔히 삼학三學이라 합니다.

가장 가벼운 마음은 보리심이고,
가장 무거운 마음은 이기심이다.
—출처 미상

마음이 무거운 분들은 죽은 뒤에 더 낮은 곳(삼악도)으로 떨어지기 쉽고, 좋은 곳(삼선도)으로 천도하기도 어렵다고 합니다. 이기심이 무거운 것은 무지와 어리석음 · 탐욕 때문입니다.

분노〔진瞋〕 anger

분노는 지옥으로 가는 가장 빠른 길입니다!

분노로 쌓여진 악업은 다른 어떤 쌓인 악업보다
더 강하다.
–출처 미상

분노보다 더 큰 죄악은 없고,
인욕보다 더 큰 수행(혹은 선덕)은 없습니다.
그러므로 우리는 여러 가지 방법을 통해
참는 법을 열심히 익혀야 합니다.
–샨띠데와(Shantideva)

모든 것은 다른 원인〔인因〕과 조건〔연緣〕의 지배를 받습니다. 그러므로 우리에게 화를 내는 사람은 그런 지배의 희생자이니 우리는 되받아 성내지 말고 자비의 마음을 내야 마땅합니다.

화가 나는 순간에 참고 마음을 돌려 상대방에게 자비심을 내면 우리는 대단한 행복의 씨앗을 뿌리는 것입니다. 우리가 인간으로 태어나게 된 것은 우리가 전생에 도덕적으로 행동하고〔지계持戒〕, 남들에게 베풀며〔보시布施〕, 온갖 모욕을 참고 원한을 일으키지 않은 인욕忍辱의 덕이라고 합니다.

행복 유지와 불행 예방을 위한 마음 보호 비법

〔핵심교의〕

> 자기 자신과 남들을 빨리 보호해 주길 바라는 사람은
> 가장 성스러운 비밀, 자기 자신과 남들을 바꾸는
> 수행(자타 교환 수행)을 해야 합니다.
>
> —샨띠데와(Shantideva)

화는 상대방뿐만 아니라 자기 자신도 가장 무서운 위험에 노출시키므로 양쪽을 모두 보호하는 가장 좋은 방법은 '나'를 '남'과 바꾸는 것입니다. '나'에 대한 집착이 화를 내게 하므로 '나'를 '남'과 바꿔버리면 화를 낼 주체가 사라져버리므로 화도 따라서 없어질 것입니다.

또한, '나'를 '남들'과 바꾸는 것은 수적으로 엄청난 이득을 가져오는 참으로 현명한 교환입니다. '하나'를 내어주고 '무수한 다수'를 얻는 것이니까요. 만일 우리가 무수한 남들을 귀하게 여기면 우리는 무수한 이득을 얻을 수 있습니다.

이제 어째서 샨띠데와께서 이것을 성스러운 비밀이라고 하셨는지 짐작할 수 있을 것입니다. 그것은 무수한 남들을 자기 자신처럼 귀중하게 여기는 이 수행이 우리들로 하여금 완전한 깨달음을 얻어 성인聖人, 붓다가 될 수 있게 만드는 신비한 힘을 갖고 있기 때문입니다. 그러기에 이 가르침은 오랫동안 뛰어난 소수의 수행자들에게만 비밀로 전수되어 왔었답니다.

이 귀한 가르침을 만난 행운으로, 모든 어머니 중생들이시여, 모두 참된 행복 얻으소서!

지옥으로 직행하는 무서운 5무간업無間業

〔죽음준비자료〕〔평생수행자료〕

1. 자기 어머니를 죽이는 것
2. 자기 아버지를 죽이는 것
3. 아라한을 죽이는 것
4. 나쁜 의도로 부처님 몸에 피를 내게 하는 것
5. 승가를 분열시키는 원인을 제공하는 것

완전한 깨달음을 얻기 전에는 누가 아라한이고 누가 부처님인지 알 수 없으므로 우리들은 아무도 해쳐서는 안 됩니다.

2013년 2월 22일 어떤 고등학생 아들이 현직 경찰관인 아버지를 흉기로 찔러 숨지게 했다는 보도가 있었습니다. 그는 부모가 말다툼을 벌이는 것을 보고 화가 나서 이 같은 범행을 저질렀다고 합니다.

이 젊은이에게 구원의 길은 있을까요? 물론 있습니다.

심지어 5무간업을 지은 자들도 그려지거나 채색된
모래로 만든 만달라(mandala)를 바라보면 해방된다.
–출처 미상

부처님들의 가피로 가득 찬 귀한 그림이나 탱화를 집안에 모셔 놓고 기회 있을 때마다 기도하거나 수행하면 더욱더 큰 축복을 받게 될 것입니다. (이 책 323쪽을 보십시오.)

참회=정화淨化
confession=purification

참회하면 악업이 정화됩니다!

이미 저지른 나쁜 행위에 대해 우리가 할 수 있는 최선은 될 수 있는 대로 빨리 잘못을 인정하고 피해자나 부처님들께 솔직히 고백하고 뉘우치며 다시는 그런 부정적인 행동을 하지 않겠다고 다짐하고 실천하는 것입니다.

시간을 지체하면 죄업은 더 무거워져서 정화하기 더 어려워지고, 가장 높은 가르침에 의하면, 계율을 어긴 뒤 3년이 지나면 참회해도 소용이 없다고 합니다. 더 늦기 전에 마음속에 쌓인 모든 악업을 깨끗이 씻어내고 가벼운 마음으로 행복한 삶을 다시 시작하십시오.

모든 문제 해결의 첫걸음은 문제를 인정하는 것입니다!

문제를 부정하는 사람에게는 해결해야 할 문제가 존재하지 않기 때문입니다. 그리고 부정한다고 문제가 해결되는 것이 아닙니다.

만일 당신이 죄업을 전혀 참회하지 않으면,
그 죄업은 날마다 두 배로 증가하고,
작은 죄업이 큰 죄업이 됩니다. 예를 들어,
이 한 마리를 죽이는 것은 하찮은 죄업입니다.
그러나 그것을 참회하지 않으면, 15일 뒤에는
16,384배 커집니다. 그것은 이제 한 사람을
죽인 것과 거의 같아진 것입니다.
ㅡ빠봉까 린뽀체(Pabongka Rinpoche)

공성 수행과 악업 정화

〔죽음준비자료〕〔평생수행자료〕〔핵심교의〕

〔감뽀빠의 제자〕 두쑴 켄빠(Dusum Khyenpa)가 말했습니다.
"전에, 제가 몇 가지 작은 나쁜 행위를 저질렀습니다. 제가 인과에 대해 명상할 때, 그것들을 기억만 해도, 큰 불안이 일어납니다."
린뽀체〔감뽀빠〕께서 말씀하셨습니다.
"그것들 모두, 하나도 빠짐없이 한 번의 공성空性에 대한 수행으로 정화된다. 예를 들어, 단 하나의 불꽃을 건초 더미에 붙이면 그것들 모두 사라져버린다. 마찬가지로, 네가 지은 이들 작은 악업들은 분별이고, 너의 마음이다. 그러므로 만일 네가 마음을 무생無生으로 만들면, 그것들은 정화된다."

무생=이원적인 생각(분별)의 소멸=공성

만일 네가 만물의 본성〔법성法性, 공성空性〕에 대한 이해를 한 순간이라도 유지할 수 있으면, 이것은 산더미 같은 불선업(악업)을 정화시킬 것이다.
–감뽀빠

만일 어떤 사람이 열 가지 악업을 모두 저질렀더라도 무아의 의미에 대해 생각하고, 모든 현상(만물)이 본래 청정하다는 것을 믿으면서 찬양하면, 그는 악도에서 다시 태어나지 않을 것이다.
–여래장경

무아=공성空性=본성=청정

지옥의 존재와 인식의 수준

〔죽음준비자료〕〔핵심교의〕〔평생수행자료〕

모든 것이 실제로 존재한다고 믿는 분들에게는 지옥도 실재할 것입니다.

그러나 모든 것이 마음의 반영이라고 생각하는 사람들에게 지옥은 마음속에 허상虛想으로만 존재할 뿐입니다. 그리고 세상에 독립적으로 존재하는 것은 아무것도 없다는 공성空性을 깨달은 분들에게는 지옥은 실재하지 않습니다.

악마를 악마로 여기면 그건 그대를 해칠 거네.
악마가 그대의 마음속에 있음을 알면
그대는 그것에서 벗어날 것이며,
악마가 공空한 것임을 깨달으면
그대는 그걸 없애 버리게 되네.
–밀라래빠

수많은 어려움과 장애를 만드는 악의를 가진 남녀 마군들이 우리가 깨달음에 도달하기 전에는 실재하는 것처럼 보인다.
그러나 우리가 그들의 참된 성품(본성, 공성)을 깨닫게 되면 그들은 보호자들(호법신중)이 되고, 그들의 도움을 통해 우리는 많은 것들을 성취한다.
–밀라래빠

깨닫는다는 것은 모든 것이 우리 눈에 보이는 대로 실재한다고 보는 미혹으로부터 깨어나 모든 속박에서 해방되는 것입니다.

깨닫기 전의 원수가 깨달은 뒤에는 사라졌거나 친구가 됩니다.

5
해방의 진리와 논리

궁극적인 진리
The ultimate truth

궁극적인 진리=절대적/초월적인 진실=고유하게/진실로 존재하지 않는 것=공성空性=승의제=제일의제=진제眞諦=실상實相

세속적인 진리=상대적/허구적인 진실=공성을 제외한 모든 현상=세속제世俗諦=세제=속제=가상假相

이 진리로 해결할 수 없는 인생 문제는 없습니다. 공성은 모든 것을 초월하는 무한의 지혜의 공간이므로 이것을 체득한 이들에게는 무한의 자비심, 무한의 자유, 무한의 안락, 일체 무한이 있을 뿐입니다. 이곳은 성인聖人들이 거주하는 곳이지만 누구에게나 문이 활짝 열려 있습니다.

모든 견해는 속박:
바른 견해는 모든 견해로부터 벗어나는 것!

〔핵심교의〕〔평생수행자료〕

나는 공성의 견해를 익혔기 때문에,
내게는 견해가 없다.
너의 견해(너는 견해를 갖고 있기) 때문에,
너는 아무 효과도 없는 수행을 하고 있다.
이것은 공성空性에 관해
네가 잘못 파악했다는 증거다.

—밀라래빠

공성은 완전한 열림, 모든 것으로부터 해방을 의미하므로, 공성을 바르게 터득한 사람은 모든 관념과 견해의 속박으로부터 벗어납니다.

우리들을 옭아매는 것들 중에서 가장 근본이 되는 것은 무지와 그릇된 견해(자아에 대한 모든 관념과 이원적인 분별)이고, 여기서 벗어나는 길은 궁극적인 진리에 대한 수행뿐입니다.

참된 깨달음은 자아에 대한 모든 관념(환상)을 허무는 것

〔핵심교의〕〔평생수행자료〕

우리가 태어날 때, 태어나는 것은 〔태어난다는〕 관념이고,
우리가 질병을 앓을 때, 앓는 건 〔앓는다는〕 관념이며,
심지어 우리가 죽어갈 때도,
죽는 건 〔죽는다는〕 관념이네.

—나로빠(Naropa)

그러므로 관념으로부터 해방이 모든 것으로부터 해방입니다!

진정한 깨달음의 길은
모든 개념과 믿음 체계를 초월합니다.
그것의 목적은 마음이 자아에 대한 환상을
자신의 정체로 여기는 것을 강화하는 게 아닙니다.
그것의 목적은 붓다나 성인聖人, 또는
더 나은 사람이 되는 것이 아닙니다.

그것의 진정한 목적은 모든 우리들의 환상들을
무자비하게 허물어 버리는 것입니다.

−아남 툽뗀 린뽀체(Anam Thubten Rinpoche)

우리들을 구속하고 우리들에게 괴로움을 주는 것은 외부대상〔외경外境〕이 아니라 그것들에 대한 내심의 생각과 개념·견해 등의 환상들입니다. 그러니까 우리가 온갖 속박과 괴로움으로부터 벗어나는 길은 모든 환상에서 벗어나는 것입니다. 다시 말해서, 공空 속에 머무는 것이 모든 속박으로부터 벗어나는 길입니다.

공空을 보는 습관을 들임으로써
실체가 존재한다고 보는 습관이 사라지고
모든 것은 실체가 없다는 견해를 익힘으로써
이 견해 자체도 나중에는 사라진다.

−샨띠데와

수행(meditation)은 수행의 대상을 '익히는 것(familiarization)'을 의미하는데, 흔히 이 경우에 사용되는 '명상'이라는 번역어는 이런 의미를 전달해 주지 못하는 문제가 있습니다.

아무것도 아닌 것이 모든 것: 양면성의 지혜!

〔평생수행자료〕〔핵심교의〕

내가 최상의 깨달음으로부터 얻은 것은
아무것도 없다.
바로 이것이 그것을
최상의 깨달음이라 부르는 이유다.
–붓다

우리가 사는 곳은 환영과 대상의 나타남 속이다.
실재하는 것이 있다. 우리가 바로 그 실재다.
너희가 이것을 이해하면, 너희는 알 것이다.
너희는 아무것도 아니고, 아무것도 아니기에
너희는 모든 것이라는 것을. 그게 전부다.
–붓다

마음속을 들여다 보십시오. 거기에는 아무것도 없지만 그러면서도 우리가 알고 있는 모든 것이 들어 있습니다. 그러니까 우리들의 마음이 아무것도 실재하는 것이 없는 세계에서 유일한 실재(reality)입니다.

> 만일 내가 아무것도 아닌 존재에서 어떤 기쁨을
> 얻는지 그대가 알기만 하면 얼마나 좋으랴.
> -루미

아무것도 아닌 존재(무아)에서 얻는 기쁨이 무아지경(대자유)의 기쁨입니다.

> 공空(비우는 것)이 가능한 사람에게는
> 모든 것이 가능하다.
> 공이 불가능한 사람에게는 아무것도 가능하지 않다.
> -나가르주나

모든 인생 문제의 근원인 무지의 정체

〔평생수행자료〕

아집我執, 실집實執〔self-grasping, true-grasping〕

아집 · 실집은 모든 현상이 고유하게 존재하는 자아나 주체가 있다고 집착(생각)하는 그릇된 마음입니다.

고유하게 존재하는(inherently existent)=진실로 존재하는(truly existent)=나타나 보이는 대로 진실로 존재하는(truly existent as they appear to be)=원인이나 조건 없이 존재하는(existent without any cause or reason)=영원히 존재하는(permanently existent)

것이 없다는 것을, 우리는 알아야 합니다.

공성=고유한 존재의 공성=고유한 존재의 부재=무아無我를 깨달으면 무지에서 벗어날 수 있지요.

고통의 원인인 '나'에 대한 집착(아집我執)은
자아가 있다는 망상 때문에 증가한다.
그러므로 '나'에 대한 집착을 끊으려면
무아에 대해 수행하는 것이 최상의 방법이다.
–샤띠데와

이집二執: 세상을 둘(내심–외경, 주관–객관)로 나누는, 이원적인 집착(분별)

우리들이 겪는 모든 문제(예를 들어, 남에 대한 험담)는 이런 집착을 깨뜨리기 위한 수단으로 사용할 수 있으므로 이런 문제는 소중한 깨달음의 자원이 될 수 있습니다.

최상의 지혜 수행

〔핵심교의〕〔평생수행자료〕

모든 것이 고유하게 존재하지 않는다는 것을 아는 자는 최상의 반야바라밀(지혜 완성)을 수행하는 것이다.

-출처 미상

그대가 고유한 존재와 고유한 존재의 부재〔공성空性〕를 존재〔유有〕와 비존재〔무無〕와 구별하면, 그대는 무수한 그릇된 견해를 극복할 것이다.

-쫑카빠(Tsongkhapa)

모든 것이 환영과 같다는 것을 깨닫는 것이
어떻게 번뇌를 제거합니까?
환영 같은 여자를 만들어놓은 마술사에게서조차
그녀에 대한 욕정이 일어나는데.

그것은 그가 실제로 존재한다고 믿는〔실집實執하는〕

미혹한(무지의) 습기(경향)를 버리지 못했고,
그리하여 그가 그 환영 같은 여자를 볼 때 그녀가
공하다는 것을 파악하는 습기가 약하기 때문이다.

공空을 보는 견해(공관空觀)를 익힘으로써
우리는 마침내 실집實執을 버리게 되고,
특히 공성空性의 공성에 대해 수행함으로써
우리는 공성 자체에 대한 실집을 버리게 된다.

—샨띠데와(Shantideva; 적천寂天)

사람의 자아〔인아人我〕의 설정 기반인 오온五蘊과 자아 해체 훈련

〔핵심교의〕〔죽음준비자료〕〔평생수행자료〕

1. 색色=육체 → 육체도 내가 아니다.
2. 수受=느낌 → 느낌도 내가 아니다.
3. 상想=생각 → 생각도 내가 아니다.
4. 행行=행동 → 행동도 내가 아니다.
5. 식識=의식 → 의식도 내가 아니다.

사람은 오온과 별개체로서도, 사람의 존재를 설정하는 기반인 오온 내에〔동일체로〕서도, 발견되지 않는다.

–나가르주나

사람은 오온과 같지도 다르지도 않다는 말입니다. 오온 자체가 사람은 아니지만 오온을 떠나 사람은 존재하지 않기 때문입니다.

사람은 흙(지地)도 아니고, 물(수水)도 아니며,
불(화火)도, 바람(풍風)도, 공간(空)도 아니고,
의식(식識)도 아니며, 이들 모두도 아니네.
허나 이들 밖에 무슨(어디에) 사람 있으랴?
–나가르주나

한편으론 인간을 구성하는 여섯 가지 요소(지 · 수 · 화 · 풍 · 공 · 식)가 사람이 아니라는 부정否定을 통해 자아에 대한 집착을 끊게 하고, 다음에는 긍정肯定을 통해 모든 것과 합일로 인도합니다.

이것이 양면적인 지혜의 축복!

자아에 대한 개념은 단지 마음이 만든 것입니다.
The sense of self is simply a mental construct.

그러므로 우리는 과거의 자아개념을 버리고 새로운 자아상을 만들어낼 수 있습니다.

청정한 자아의 건설–성인이 되는 길

오염된* 오온을 자아의 기반으로 삼는 대신에 청정한 공성을 자아의 기반으로 삼으면 우리는 윤회의 세계에서 벗어나 성인聖人

이 됩니다.

무지의 산물인 아집 대신에 참된 지혜에서 나오는 자기 자신이 붓다라는 자긍심(여래의 자긍심 divine pride)을 가지면 우리는 범부의 고통에서 벗어나 성인聖人의 행복을 얻을 수 있습니다.

공성空性(정견正見)을 알면 미혹한 견해가 정화되고,
자애慈愛를 사유하면 행동(도행道行)이 완성되며,
다양성•의 통일성•을 이해하는 것이 수행이고,
궁극적인 목표(도과道果)는 모든 것의 일미一味다.

—대성취자 바드라빠(Mahasiddha Bhadrapa)

- 오염된: 아집(self-grasping)과 아애(자기-중시, self-cherishing)의 무지로 더럽혀진
- 다양성(외양, 色색) = 세속적인 진리
- 통일성(본성, 空공) = 궁극적인 진리

행복 자원인 공덕을 가장 많이 쌓을 수 있는 뛰어난 방법

〔핵심교의〕〔평생수행자료〕

세 단계

1. **시작**: 보리심을 일으켜서 자기가 하려는 일이 모든 중생들에게 유익하며, 그들에게 행복을 가져오고 궁극적으로 그들을 깨달음으로 인도하길 바랍니다.
2. **본행**: 자기가 하는 일에 완전히 주의를 기울이고, 주체나 대상, 행동이 실재하지 않는 것으로 생각합니다(이것을 삼륜청정三輪淸淨이라고 함).
3. **종결**: 자신의 수행이나 활동으로 얻었을 모든 공덕을 모든 중생들의 깨달음에 회향합니다.

공부를 할 때도 시작하기 전에 잠시 앉아서 마음을 진정시킨 뒤에 모든 중생들을 위해 깨달음을 얻으려는 마음, 보리심을 일으킵니다. 본 공부를 할 때는 완전히 거기에 몰입하되 어떤 것에도 집착하는 마음을 갖지 않습니다. 공부가 끝난 뒤에는 잠시 마음을 가라앉히고 공부한 것이 자신의 존재 전체에 흡수되게 한 다음 공부한 공덕을 모든 중생들의 깨달음을 위해 회향합니다.

당신의 작은 연못에서 헤엄쳐 나와요.
Swim out of your little pond.
–루미(Rumi)

눈처럼 녹아–
그대 자신을 그대 자신에게서 씻어내요.
Be like melting snow -
wash yourself of yourself.
–루미(Rumi)

연기법緣起法에 대한 불교의 4대 학파의 설명

〔핵심교의〕〔평생수행자료〕

유부, 경부, 유식: 연기는 다양한 원인〔인因〕과 조건〔연緣〕에 의해 일어난다. 〔가장 낮은 수준의 견해〕

자립 논증: 어떤 것이 그것의 부분에 의지해 존재할 때가 연기다. 〔중간 수준의 견해〕

중관: 연기는 이름을 부여받을 합당한 기반과 거기에 이름을 부여할 합당한 관념을 갖고 어떤 대상에 우리가 이름을 부여했을 때 발생한다. 예를 들어, '철수'라는 사람은 우리가 그의 신체와 마음을 기반으로 삼고 그에게 이 이름을 부여할 때 존재하게 된다. 그에게 이 이름을 붙여주기 전에는 '철수'라는 사람은 세상에 존재하지 않았다. 〔가장 높은 수준의 견해〕

중관학파의 주장에 의하면, 존재하는 것은 모두 이름과 개념일 뿐, 독립적으로 실재實在하는 것은 아무것도 없다는 것입니다. 이 주장이 가장 합리적인 것으로 평가되고 있습니다.

공성空性을 처음부터 도입하는 경우에는 모든 것의 존재를 부정할 염려가 있으나 연기를 통하면 그런 위험을 피할 수 있습니다.

색의 본성은 공과 둘이 아니네
(색공불이色空不二),
소리(聲)의 본성이 공과 둘이 아니듯
(성공불이聲空不二).

Appearances' true nature is
appearance-emptiness undifferentiable,
just as sound's basic nature is
sound-emptiness undifferentiable.

재미있는 색色과 공空 이야기

〔핵심교의〕〔죽음준비자료〕〔평생수행자료〕

"색色이 나타남이며 단지 이름이라는 것을 이해하면 색이 공空의 나타남이라는 것을 이해하는 데에 도움이 됩니다."

색 = 나타남 = 공의 나타남(따라서 색 = 공)

"모든 것은 그것의 공성空性의 현현顯現입니다. 색色과 색의 공성은 동일체同一體입니다. 만일 A가 B의 현현이라면 A와 B는 다른 개체일 수 없습니다."

색 = 색의 공성(따라서 색 = 공)

"모든 세속적인 대상들은 공성의 현현이고 공성과 동일체라는 의미에서 동등합니다."

"이제二諦(속제俗諦와 진제眞諦)가 동일체라는 데 대한 수행은 불평등한 태도를 감소시킵니다."

속제 = 진제 → 불평등한 태도 감소, 포용력 증가

"우리들의 신체의 공성은 우리들의 신체와 따로 존재할 수 없으며, 우리들의 신체는 그것의 공성과 따로 존재할 수 없습니다."

이상은 모두 게쉐 껠쌍 갸쵸(Geshe Kelsang Gyatso)의 공空에 대한 말씀들입니다.

상대적인 시간과 절대적인(궁극적인) 시간

〔핵심교의〕〔평생수행자료〕

사시四時 = 윤회계(세속)의 삼시三時 + 법성(공성)의 무시간(부정시不定時, 평등시)

금강승 불교에는 네 시간이 있습니다. 과거 · 현재 · 미래와 시간 없는 시간입니다.
첫 셋은 상대적인 혹은 세속적인 진실〔세계〕의 시간입니다. 이것들은 항상 변합니다.
시간 없는 시간은 궁극적인 혹은 절대적인 진실〔세계〕에서의 시간인데, 이것은 상대적인 시간의 변하는 성격을 초월한 것입니다.

궁극적인 차원에서는 '과거'에 일어난 일도 없고, '현재' 일어나는 일도 없으며, '미래'에 일어날 일도 없습니다. 이런 관점에서 '세 가지 시간들에 대해 깨닫다'는 것은 그들이 '평등'하다는 것을 이해하는 것을 의미합니다.

이것을 염두에 두고, 우리는 과거와 현재, 미래 외에, 소위 '상상할 수 없는 제4의 시간'을 설정할 수 있습니다. 이것을 '평등시平等時'라고도 합니다.

평등시라는 시간을 설정하는 이유는 시간이라는 것은 단지 개념일 뿐, 다른 모든 것들과 마찬가지로, 궁극적으로는 과거와 현재 · 미래가 모두 똑같이 독립적으로 존재하지 않는다는 것을 보여주기 위한 것입니다. 모든 것이 궁극적으로는 공空하다는 것을 체득하면 우리는 모든 것을 평등하게 대하며 평등심을 유지할 수 있을 것입니다.

–툴꾸 톤둡(Tulku Thondup)

평등심은 세상에서 가장 평온하고 행복한 합일의 마음입니다!

고통으로부터 벗어나는 법

〔핵심교의〕〔평생수행자료〕

매력적인 대상을 만나면,
비록 그것이 여름날 무지개처럼 아름다워 보이더라도,
그것을 실재하는 것으로 여기지 말고,
애착을 버리게.
이것이 보살들의 수행이라네.

온갖 형태의 고통은 꿈속에서 아이의 죽음과 같다네.
환영幻影같이 나타나는 것을 사실로 여기면
그대 매우 괴로워진다네.
그러니, 괴로운 상황을 만나면,
그것을 환영으로 여기게.
이것이 보살들의 수행이라네.

—걀세 톡메(Gyalse Thogme)

공을 사유하는 공덕

사리불아, 만일 어떤 사람이 진여(공성)의 선정에 대해
손가락 한번 튕길 동안이라도 수행한다면
그는 한 겁 동안 부처님의 가르침을 듣는 사람보다
더 큰 공덕을 얻는다.

–진여를 가르치는 경전(개현 진실성경)

궁극적 의미(공성)의 공양이 붓다를 기쁘게 한다.
그는 향 등의 공양에 기뻐하지 않는다.
자신의 마음을 부드럽게 하는 것이
붓다를 기쁘게 하는 큰 공양이다.

–비밀감로왕 딴뜨라

부드러운 마음은 공성의 지혜에서 나오는 무한의 사랑!

공空의 실천

〔핵심교의〕〔죽음준비자료〕〔평생수행자료〕

그는 항상 사건의 흐름 속에서 편안한 마음을 유지하려고 한 번도 애쓰지 않으며, 현실을 느슨하게 내버려 둠으로써, "무엇이든 일어나는 것은 해방의 길이다"라는 '공성'의 위대한 진리를, 그는 계속해서 그리고 자연발생적으로 전해 주고 있었다.

–케이쓰 다우먼(Keith Dowman)

깨달은 이들은 모든 일어나는 일들의 비구속적인 성격〔공성〕을 봅니다.

–출처 미상

모든 것은 매순간 끊임없이 변하므로 이 세상에 우리들을 구속할 수 있는 것은 아무것도 없습니다. 궁극적으로 보면 아무것도 실재하지 않는데도 우리들은 자기 자신이 실재하는 것처럼 믿으며 자기 자신과 자기가 귀하게 생각하는 것들에 대해 집착합니다. 바로 이 집착이 우리들의 감옥입니다.

무술경기에서 이용할 수 있는 공空의 위력

평범한 선수들: 자신의 드러난 힘에만 의존합니다.

뛰어난 선수들: 자신의 체력의 공성과 연결되어 있기 때문에 이용할 수 있는 잠재력이 한이 없으며, 집착하지 않으므로 완벽하게 자기 자신을 통제할 수 있습니다. 그러므로 공성과 결합되어 있는 힘을 가진 사람은 누구도 이길 수 없습니다. 자기 주위의 모든 힘이 곧 그의 힘으로 작용할 수 있기 때문입니다.

공성 = 합일 = 전체의 힘 = 무한한 가능성

깨달은 이들이 머무는 곳

〔핵심교의〕〔죽음준비자료〕〔평생수행자료〕

둑빠 꾼레(Drukpa Kunley)의 수식어들 중의 마지막인 '의무에서 벗어난'이 의미하는 것은 그가 마하무드라의 자유 공간〔공성〕에서 머문다는 것입니다. 여기에서는 행동이 무행동이라 불립니다. 그의 움직임은 세상과 너무 잘 조화를 이루므로 그에게는 노력이나 애씀이 필요하지 않습니다. 그의 행동은 자연발생적(spontaneous)이고 걸림이 없는(uninhibited) 것이어서, 일이나 활동에 관한 우리들의 관념을 초월합니다.
자연발생적으로 처리하고 걱정 없이 즐겁게 자기에게 주어지는 일이 뭐든 함으로써, 그는 자기 마음속에 엄청난 여유와 자유를 만들었습니다.

–케이쓰 다우먼(Keith Dowman)

둑빠 꾼레(1455~1529)는 나가르주나(Nāgārjuna, 용수龍樹)의 스승인 싸라하(Saraha, 8세기)의 환생자라고 합니다.

> 저는 뭘 하든지, 가만히 앉아 있거나 이리저리 걸어 다니거나, 먹거나 잠잘 때, 제 마음이 머무는 곳은 맑은 궁극적인 성품(공성空性)의 상태입니다.
>
> –직메 링빠(Jigme Lingpa)

공空은 무한한 지혜의 공간, 세상에서 가장 자유롭고 편안한 자리입니다!

최상의 행위는 공空 속에서 하는 행위

〔핵심교의〕〔죽음준비자료〕〔평생수행자료〕

다음 (물음)은 감뽀빠의 제자 곰출(Gomtshul)의 말이고, (대답)은 감뽀빠의 말입니다.

물음: "만일 우리가 공성空性 속에 있는 동안에 귀의하면, 그 귀의는 법성〔진리의 성품〕을 얻습니다. 만일 그것이 계라면, 그것은 무루無漏의• 계가 되고, 만일 그것이 자비라면, 그것은 무연無緣의• 자비가 됩니다. 만일 그것이 보리심을 일으키는 것이라면, 그것은 궁극적인 보리심이 되고, 만일 그것이 서원〔금강승의 계〕이라면, 그것은 근원적으로 계를 지키는 것입니다. 공성 내에서 함으로써, 어떤 것이든지 공성의 일부가 되고 모든 면에서 완전하므로, 그밖에 아무것도 다른 것은 필요

- 무루의: 번뇌가 없는(번뇌를 초월한).
- 무연의: 대상이 없는

하지 않습니다. 이게 맞지 않습니까?"
대답: "그 밖의 모든 것은 거짓이다. 오로지 진리〔공성〕에 관해 수행하라."

공성을 익히지 못한 사람들이 할 수 있는 것은, 그것이 아무리 좋은 행위라 하더라도, 무지로 오염된 제한된 행위밖에 없습니다.

하지만, 공성을 익힌 분들은 청정하고도 무한한 최상의 행위를 할 수 있습니다. 궁극적인 진리의 습득이 얼마나 중요한지 짐작하실 수 있을 것입니다.

세상에서 가장 반가운 소식: 가장 쉽고 빨리 성인聖人이 되는 길

〔핵심교의〕〔죽음준비자료〕〔평생수행자료〕

모든 것을 최상의 성인(붓다)들로 봄으로써
행복 자원인 공덕(merit)을 쌓고
그들이 실재하지 않는다(공空하다)는 것을
이해함으로써 지혜(wisdom)를 쌓아가는 것입니다.
–출처 미상

그러니까 성스러운 견해(sacred outlook)를 갖는 것과 모든 것의 본성이 공하다는 것을 직접 깨닫는 것이 성인이 되는 길입니다.

이 수행으로 우리는 성인의 첫 단계 보살초지初地인 견도見道(the path of seeing)에 오를 수 있다고 합니다. 여기서 '봄(seeing)'의 대상은 궁극적인 진리, 공성입니다.

피안으로 인도하는 만뜨라

옴 가떼 가떼 빠라가떼 빠라쌍가떼 보디 스봐하

om gate gate paragate parasangate bodhi svaha

(옴 가자 가자 넘어가자 완전히 넘어가자 깨달음 성취하자)

눈을 뜨시오…

이 세상은 꿈일 뿐이에요.

Open the eye…

for this world is only a dream.

–루미(Rumi)

질병의 고통에서 벗어나는 길

〔핵심교의〕〔평생수행자료〕

몸이 병고에 시달릴 때는 가장 수행하기 좋은 때입니다. 건강할 때 느끼지 못했던 건강에 대한 고마움을 뼈저리게 느끼며 괴로움에서 벗어나 변함없는 안락을 얻으려는 마음이 너무도 간절하게 일어나기 때문입니다.

1. 질병은 깨달음과 건강으로 가는 길

곌와 괴짱빠가 산속에서 수행하고 있을 때, 그는 자주 병이 들었다고 합니다. 거기에는 의사도 병원도 분명히 없었습니다. 그는 마을로 내려가 의사를 찾지 않고, 산속에 머물면서 자신의 질병의 본성(공성)에 대해 관찰했습니다. 그렇게 함으로써, 그는 자신의 수행에 놀라운 도움을 받았습니다. 그는 깨달음을 성취했으며, 깨달음을 성취하자, 건강을 회복했습니다. –출처 미상

두 가지 이유로 티베트의 남녀 수행자들은 의사를 찾아가지 않는다고 합니다. 한 가지 이유는 그들이 병이 들면, 그 경험이 본성을 깨달을 좋은 기회를 제공해 준다는 것입니다. 게다가 그것은 기쁜 경험입니다. 더욱이, 그들이 (사회로부터) 물러나서 지내고 있는 중에 만일 죽게 되면, 그것은 (수행자로서) 가장 좋게 죽는 방법인데, 왜 그들이 도대체 의사를 만나러 가고 싶어 하겠습니까?

–출처 미상

만일 그대가 중병에 걸려 있으면 그것은 부처님들께서 그대에게 재촉하시는 것이라네. 보리심을 향해 나아가라고. 기억하라. 그대가 귀의한 부처님들께서 그대를 깨달음의 길로 인도하시리라는 것을.

–빠드마쌈바와(Padmasambhava)

질병이 발생하면, 그것을 버리고 싶어 하지 않고, 우리는 생각합니다. '좋습니다. 제가, 이 질병 덕분에, 모든 중생들의 질병과 고통을 떠안게 해 주소서!'
동시에, 우리는 생각합니다. '이 질병은 우리가 지은 업의 채권자들이 일으킬 거라고.' 그들이 그것을 일으켜서, 유지하거나, 끝까지 끌고 갈지라도 우리는 그들에게 말합니다.
"오세요! 환영합니다! 만일 제가 병들어야 한다면, 제가 병들게 해 주세요. 만일 제가 죽어야 한다면, 제가 죽게 해 주세요! 무슨 일이 일어나든, 우리는 그것이 거대한 공空의 바다에서 (일어나는 것으로) 인식합니다."
–출처 미상

우리가 인생의 진정한 목표에 집중하여, 남들에게 도움을 줄 때, 자신의 건강은 중요하지 않습니다. 심지어 암이나 에이즈(AIDS)를 갖고 있다고 해도 문제가 되지 않습니다.
왜냐하면 우리는 중생들을 대신하여 병을 앓기 때문입니다. 우리가 건강하든 건강하지 않든, 부유하든 가난하든, 살든 죽든, 우리들의 주요 목표는 다른 중생들을 이롭게 하는 것입니다.
이것이 행복의 가장 중요한 근원입니다. 이런 태도로 우리는 우리가 살아가면서 겪는 모든 것을 즐깁니다. 이런 태도로 우리는 하루 스물네 시간 동안 우리의 인생을 의미 있게 만듭니다.
–라마 조빠 린뽀체(Lama Zopa Rinpoche)

문제가 생겼을 때 너무 빨리 남의 도움에 의존하는 것은 자기 자신에게서 성장할 기회를 빼앗는 것이나 마찬가지입니다. 이것은 불행하게도 대부분의 현대인들에게 해당되는 말입니다.

2. 통증은 두뇌가 만드는 것

통증은, 신체 이미지와 마찬가지로, 우리들의 두뇌가 만든 것입니다. 우리는 신체나 심지어 감각기관이 없어도 통증을 느낄 수 있습니다. 우리들에게 필요한 것은 우리의 두뇌지도에 의해 만들어진 신체 이미지만 있으면 됩니다.

–노먼 도이지(Norman Doidge)

여기 고통에서 벗어날 수 있는 과학적인 길이 있습니다. 우리가 통증을 느끼는 것은 두뇌지도에 의해 만들어진 신체 이미지 때문입니다. 그러므로 우리의 마음속에 들어 있는 이 이미지를 바꾸거나 제거하면 우린 모든 신체적인 통증에서 벗어날 수 있습니다.

잊지 마십시오. 우리들의 모든 문제의 최종적인 해결책은 바로 우리들 자신의 마음속에 있다는 것을! 그러므로 마음을 다스리는 것은 곧 모든 것을 다스리는 것입니다.

팔다리를 절단한 분들 95퍼센트에게 나타나는 '유령 통증(phantom pain)'을 생각해 보시면 이 내용 이해에 도움이 될 것입니다. 이 통증은 사지가 없는데도 그냥 내버려두면 흔히 일생 동안 지속된다고 합니다.

3. 질병에 관한 게송

질병은 그대의 악업 쓸어버리는 빗자루네.
질병을 스승님들로 보고 그분들께 기도하게.
질병이 그대에게 찾아오는 건 스승님들과
삼보三寶의 은혜라네.

질병은 그대의 성취이니 그들을 붓다들로 예배하게.
질병은 그대의 악업이 소멸되고 있다는 징조라네.
……
몸은 정신(마음)이 없고 마음은 공空한데,
무엇이 정신이 없는 것에게 고통을 주고
공을 해할 수 있겠는가?
질병이 어디서 와서, 어디로 가고,
어디서 머무는지 살펴보게.

질병은 단지 그대의 생각의 투영일 뿐이니
그 생각 사라지면, 질병도 사라진다네.

악업을 태워버릴 이(질병)보다 더 좋은 연료는 없네.
(질병에 대해) 슬픈 마음이나 부정적인 견해를
품지 말고, 그것을 그대의 악업이
감소되는 징조로 보고, 기뻐하게.
—직메 링빠(Jigme Lingpa)

4. 질병에 대한 수행법

질병이 몸에 나타나면
그건 전생에 그대가 남들을 구타한
업보業報가 지금 익는 것이라네.

악행을 저지른 이들이 병들면
의사를 부르지 말고
그들의 마군을 쫓는 의식도 치르지 말며
그 질병 자체를 수행의 길로 삼아야 하네.

나의 스승님의 가르침에 의하면

질병을 문제로 생각해서는 안 된다네.
그건 장애를 정화해 주고, 좋은 성품을 일으켜 주며,
깨달음의 발전을 높여 주니
질병이 나타나면 기뻐하게.

이렇게 수행하게.
마음을 진정시키고 되풀이해서 생각하게.
'아, 얼마나 슬픈 일인가.
중생들이 나처럼 질병으로 고통 받는 게.'

계속해서 서원기도 하면서 이렇게 말하게.
"나의 질병이 허공처럼 무수한 모든 중생들의
질병과 고통을 정화하소서."

그러고 난 뒤에 질병을 똑바로 보게.
질병은 모양과 색깔 등을 갖고
실제로 존재하는 것이 아니네.
그건 공空으로 자연발생적으로 나타났을 뿐이니
이걸 깨달으면 질병은 제자리로 사라지네.

그러나 만일 질병이 또 다시 일어나면
존귀한 스승님께 간청하게.

"스승님이시여, 제게 가피를 내리시어
이 질병이 수행의 길이 되게 하소서.
스승님이시여, 제게 가피를 내리시어
제가 이걸 막거나 장려하기 위해 애쓰지 않게 하소서.
스승님이시여, 제게 가피를 내리시어
이게 저의 도우미로 일어나게 하소서."
이런 식으로 열렬히 간청하게.

다시 질병을 똑바로 보게.
이 질병은 전에는 존재하지 않았는데
어떻게 나중에 존재할 수 있을까?
그게 존재하지 않음〔공성空性〕에 편안하게 머물게.
이 질병 자체가 진리〔공성〕의 표현〔법신法身〕으로
나타나리니.

—걀와 괴짱빠(Gyalwa Gotsangppa)

질병도 실재하는 것이 아니고 고통도 실재하는 것이 아닌데 어째서 우린 고통을 받는 걸까요? 이 위대한 스승님의 말씀 한 번 들어보세요.

5. 질병은 관념

우리가 태어날 때, 태어나는 것은 〔태어난다는〕 관념이고,
우리가 질병을 앓을 때, 앓는 건 〔앓는다는〕 관념이며,
심지어 우리가 죽어갈 때도,
죽는 건 〔죽는다는〕 관념이네.
–나로빠(Naropa)

우리들을 속박하는 것은 바로 우리가 속박 당한다는 관념(생각) 자체라는 것입니다.

우리들은 한편으론 생각하는 주체이지만 또한 다른 한편으론 생각의 지배를 받습니다.

여기에서도 우린 우리들의 삶의 양면성(이중성)을 볼 수 있습니다. 이것이 우리가 극복해야 할 한계입니다.

6. 자공自空과 타공他空

자공自空은 만물은 자성自性(내적인 존재)이 공하다(없다; the intrinsic emptiness of phenomena)는 티베트의 한 중관학파의 주장입니다.

타공他空은 청정한 붓다의 속성〔불성佛性〕은 외적인 것〔타성他性〕이 공하다(the extrinsic emptiness of pure buddha attributes)는 티베트의 한

중관학파의 주장입니다.

질병 수행의 경우에, 자공은 질병 자체의 본성(공성)에 대해 수행하나, 타공은 '내가 질병을 앓고 있다'는 생각의 공성에 대해 수행하는 것입니다.

7. 질병을 고치지 못하게 하는 희망과 두려움

질병을 고치지 못하게 만드는 원인은 희망과 두려움이다.
희망은 치료를 막고 두려움은 질병을 일으킨다.
질병 자체를 수행의 방편으로 알고
질병에 대한 두려움들과
그것이 끝나리라는 희망들과 연관된 집착을 놓아주면,
질병을 일으킨 원인이 스스로 사라진다.
–감뽀빠(Gampopa)

모든 이원적인 분별은 필연적으로 고통을 가져오므로 극복해야 합일의 행복을 성취할 수 있습니다.

8. 궁극적인 힐링

공성과 자비에 관한 명상(수행)은
힐링의 필요성을 종식합니다.
이 궁극적인 힐링을 통해, 당신은 다시는
질병을 경험하지 않아도 될 것입니다.
-라마 조빠 린뽀체(Lama Zopa Rinpoche)

가장 좋은 약은 모든 것이
실재하지 않는다는 것(공空)입니다.
-아띠샤

모든 속박과 고통으로부터 벗어나는 가장 좋은 길은 공空을 깨닫는 것입니다. 그러나 이것은 깊은 수행을 통해서만 이룰 수 있습니다. 그러기 위해 선업과 공부를 통해 좋은 인연을 만들어 나가야 훌륭한 스승님들과 가르침을 만날 수 있습니다.

6
죽음과
재탄생의 과정

사후에 좋은 곳으로 가는 길

죽음의 과정은 거의 순간적인 것이어서 일반인들은 자기에게 무엇이 일어나고 있는지 모른답니다. 그러나 죽기 전에 공부를 충분히 해 놓은 분들은 공성空性에 대한 명상 속에 1주일 정도 머물면서 해탈은 물론 성불도 할 수 있고 자기가 원하는 좋은 수행자 가문에 다시 태어날 수도 있답니다.

> 그대가 죽음의 상태에 들어갈 때, 자심慈心과 비심悲心, 보리심菩提心에 대해 사유하십시오.
> 이런 생각을 하십시오.
> '모든 중생들을 위해 제가 반드시 최상의 깨달음을 얻겠습니다.'
>
> –출처 미상

해탈 안내서-바르도퇴돌(bardothödol)

이 바르도퇴돌을 만나는 것은 진실로 크나큰 행운이다. 공덕과 지혜의 두 자량을 쌓고, 악업의 장애를 정화한 이들 외에 다른 사람들은 만나기 어려운 희유한 가르침이다. 또한 만나더라도 이해하기 어렵다. 만일 누구든지 이 가르침을 듣고 단지 사견邪見(그릇된 견해)만 일으키지 않으면 그는 반드시 해탈하게 된다.
그러므로 이것을 극히 소중히 여기도록 하라. 이것은 모든 가르침의 정수만을 가려 모은 제호와 같다. 그러므로 이 바르도 퇴돌의 가르침을 단지 듣는 것만으로 해탈하고, 단지 애중히 여기는 것만으로 해탈한다.

-빠드마쌈바와(Padmasambhava)

행운아들이여, 이 귀한 가르침 읽고 또 읽고 실천하여 모두 해탈하소서!

이 수행은 살아가는 데에도 가장 큰 도움이 됩니다.

해탈로 가는 길:
어머니 정광명과 아들 정광명의 만남

정광명淨光明 the clear light

일반적으로, 정광명에는 두 가지가 있습니다. 〔(객관적인) 대상으로서의〕 객관적인 정광명(이것은 존재의 공성 자체이며, 경광명境光明이라 함)과 주관적인 정광명(이것은 이 공성을 깨닫는 지혜의 마음인데, 유경광명有境光明이라 함)입니다.

전자를 어머니 정광명, 후자를 아들 정광명이라고도 합니다. 이 둘이 만날 때, 다시 말해, 아들이 어머니를 알아보면 해탈이 가능하답니다. 해탈로 가는 길은 공성에 대한 깨달음입니다.

어머니 정광명=객관적인 정광명(경광명)=존재의 공성

아들 정광명=주관적인 정광명(유경광명)=지혜의 마음

외경도 내심도 본질은 빛-
우리들은 모두 찬란한 광명천지의 주민, 빛의 존재입니다.
빛을 두려워하지 마십시오.

우린 모두 빛의 존재: 우리들의 마지막 찬란히 빛나는 귀향

물질과 의식(마음)-이것은 같은 에너지입니다. 물리학자들에 의하면 원자가 폭발하면 빛이 되고, 신비한 정신영역 분야의 전문가들에 의하면 의식이 폭발하면 빛이 된다고 합니다.

우리가 가장 높은 깨달음을 얻게 되면, 우리의 몸은 빛이 되어 찬란한 무지개의 빛살을 하늘에 뿌리고, 우렁찬 축복의 소리로 대지를 흔들면서, 우리는 우리의 본성, 고향으로 돌아간답니다.

이것이 우리들의 빛나는 귀향입니다. 우리들의 가장 행복한 귀향입니다.

I. 임종의 정광명의 바르도(중유中有), 첫째 바르도

● 법신(부처님의 일체지와 자비심)으로 성불할 수 있는 단계(약 30분간 지속)

• 정광명의 마음을 인식할 수 있으면 즉시 법신을 성취하여 성불하고 바르도에 들어가지 않는다고 합니다.

정광명의 법신의 마음의 지속 시간을 좌우하는 것들

1. 사자死者의 선업과 악업
2. 몸의 구성 요소(에너지)의 은멸(소멸) 속도
3. 딴뜨라(금강승) 수행 수준
4. 사마타의 힘(마음 집중력)
5. 섬세한 에너지 채널(channels)의 상태(이원적인 분별의 마음은 이 통로를 오염시키나 합일적인 지혜의 마음은 정화시킵니다!)

• 강한 악업의 압박을 받는 사자死者에게는 정광명의 마음이 나타나는 시간이 손가락 두어 번 튕길 정도의 매우 짧은 시간뿐이지만, 정신적으로 고도로 발전한 분들에게는 매우 길

수 있다고 합니다. 이 시간이 길어야 해탈하거나 성불할 수 있습니다.

- 의식이 몸에 남아 있는 시간: 3일 반(외호흡은 끊어졌지만 이 기간 중에 내호흡은 계속되므로 시신을 건드리지 말아야 합니다!)

- 의식이 몸을 떠났다는 징표: 노르스름한 액체 방울이 성기 구멍으로부터 배출됨.

- 의식이 빠져나오는 최상의 문: 정수리에 있는 브라흐마의 문. 이곳을 통해 나오는 의식은 무색계나 정토로 가거나 성불한다 합니다.

의식이 떠나는 통로와 다시 태어나는 곳

상근기上根機: 여기가 우리들의 목표
- 정수리의 브라흐마의 황금 문(brahmarandhra) → 해탈
- 두 눈 → 전륜성왕으로 다시 태어남
- 왼쪽 콧구멍 → 감각기관이 온전한 인간의 몸으로 태어남

중근기中根機: 수행자들은 여기도 피하는 것이 좋음!
- 오른쪽 콧구멍 → 야차(yakṣa)로 태어남

• 두 귀 → 색계의 천신으로 태어남
• 배꼽 → 욕계의 천신으로 태어남

하근기下根機: 여기는 모두가 반드시 피해야 함!

• 요도 → 동물로 태어남
• 섹스 통로 → 아귀로 태어남
• 항문 → 지옥중생으로 태어남

죽음 과정의 시작: 몸을 구성하는 다섯 가지 원소(오대五大)의 소멸

이 과정은 몸을 구성하는 거친 요소의 소멸이므로 사실은 우리들을 깨달음으로 인도해 주는 매우 중요한 정화의 과정입니다. 그러므로 우리는 마땅히 두려움이 아니라 고마움으로 맞이해야 합니다.

지대地大: 피부, 뼈, 근육 등 몸의 단단한 부분
수대水大: 혈액, 림프액, 정액 등의 유동체
화대火大: 체온
풍대風大: 호흡
공대空大: 의식

의식이 공대를 이루는 것으로 보아 우리는 지혜의 작용을 위해서는 그것의 터전인 공간이 필요하다는 것을 여기에서도 확인할 수 있습니다.

원소가 소멸할 때 소멸되는 것은 각 원소의 부정不淨한 양상이고 청정한 지혜의 양상은 뒤에 남습니다. 그래서 하나의 원소가 소멸할 때, 우리는 마음의 본성에 더 잘 머무르거나 그 본성을 경험할 수 있습니다. 이것은 각 원소가 정화됨에 따라 중앙 맥도(channel)에 청정한 에너지('지혜 바람')가 증가하기 때문입니다.

원소가 소멸할 때 죽어가는 사람은 자기 마음상태에 따라서 압도당하거나 해방되는 경험을 하게 된다고 합니다. 그러니 자기 마음속의 생각을 다스리는 것이 얼마나 중요한지 알아야 합니다.

이 소멸의 순서와 지속시간은 까르마karma에 따라 매우 달라질 수 있어 수일, 수주일, 혹은 드물게는 수년까지 걸릴 수 있다고 합니다. (그러므로 부지런히 악업은 정화하고 선업을 쌓아나가야 합니다!)

흙 원소(지대地大)의 물 원소 속으로 소멸

외적 현상 몸을 지탱하는 흙 원소가 물 원소 속으로 소멸됨에 따라 죽어가는 사람은 몸이 무겁고 땅 속으로 가라앉는 것 같다면서 도와달라고 외칩니다. 그를 편안하게 해 주고 안심시켜야 합니다. 그러기 위해 평온한 분위기를 만들고 용기를 갖도록 도와주십시오. 흙 원소와 관련 있는 장기는 췌장입니다. 이때 시각이 소멸.

내적 현상 마음이 흐려지고 명료함이나 안정이 부족하며, 의식이 사라지거나 가라앉는 것 같은 느낌이 든다고 합니다.

은밀 현상 이때 죽어가는 사람은 허공에 (물 원소의 영향으로) 아지랑이 같은 것이 보이고, 벼룩이가 펄쩍펄쩍 뛰는 것 같은 움직임을 느낀다고 합니다. 이들 상은 오래 지속되지 않는데, 이것이 법성(본성)의 정광명의 첫 번째 출현입니다. 은밀 현상의 인식은 깨달음과 직결되므로 하나하나 철저히 익혀둬야 합니다. 각 원소가 소멸할 때 일어나는 비밀 싸인(은밀 현상)을 인식하면 수행자들은 완전하게 깨달음의 과정 속에 머무는 데 도움을 얻을 수 있다고 합니다.

흙 원소의 소멸과 첫 번째 깨달음의 기회(요지: 외경=내심=하나)

흙 원소가 용해되어 물 원소 속으로 흡수될 때 모든 현상은 황색을 띠고 죽어가는 사람은 모든 것이 홍수와 지진으로 갈라지고 있다는 느낌을 갖게 됩니다. 그는 힘이 빠르게 사라지고 있어서 서 있을 수도 없습니다. 이때 우리가 우리들에게 보이는 노란 현상〔외경〕과 우리의 마음〔내심〕이 하나라고 생각하여 이원성을 초월하면 우리는 불모 붓다로짜나〔Buddhalocana, 바즈라싸뜨와(Vajrasattva)의 명비〕 수준의 깨달음을 얻을 수 있다고 합니다.

물(수水) 원소의 불 원소 속으로 소멸

외적 현상 물 원소가 불 원소 속으로 소멸하면, 물 원소와 관련 있는 장기인 신장腎臟이 기능을 멈춤에 따라 죽어가는 사람은 입이 건조해서 더 이상 말을 할 수 없다고 합니다. 이때 그에게 물이나 젖은 천을 주면 도움이 된다고 합니다. 이때 청각 소멸.

내적 현상 마음이 불안정하게 되며, 죽어가는 사람은 동요하고 다소 겁을 먹고, 성질을 내거나 화까지 낼 수 있다고 합니다.

은밀 현상 그의 시야에는 (불 원소의 영향으로) 푸른 연기 같은 것이 나타난다고 합니다. 이것이 두 번째 정광명의 징표입니다.

물 원소의 소멸과 두 번째 깨달음의 기회(요지: 외경=내심=공空)

물 원소가 용해되어 불 원소 속으로 흡수될 때 모든 것이 백색을 띠고 죽어가는 사람은 온 세상이 물바다가 된 느낌을 받게 됩니다. 이때 그는 입술이 마르고 심한 갈증을 느낍니다. 마음을 집중하여 물과 백색으로 보이는 것들이 모두 자기 자신의 마음의 산물일 뿐 독립적으로 존재하지 않는다(공空하다)는 확신을 갖고 있으면 그는 깨달음을 성취하여 불모 마마끼〔Mamaki, 보생여래(Ratnasambhava)의 명비〕의 경지에 오른다고 합니다.

불(화火) 원소의 풍 원소 속으로 소멸

외적 현상 불 원소가 사라짐에 따라 손발과 호흡이 차게 되며, 체온은 몸에서 빠져나가 심장 쪽으로 식어갑니다. 만일 죽어가는 사람이 삼악도에서 다시 태어나는 경우에는, 처음에 온기가 그의 몸의 아랫부분을 통해 빠져나가고, 삼선도에서 태어나는 경우에는 윗부분에서부터 온기가 빠져나간다고 합니다. 이때 후각 소멸.

내적 현상 의식과 시야가 더욱더 흐려져, 죽어가는 사람은 가족과 친구도 한 순간 알아보나 다음 순간에는 알아보지 못합니다.

은밀 현상 죽어가는 사람에게 (허공 원소의 영향으로) 반딧불이 반짝이는 것 같은 상이 나타나는데, 이것이 세 번째 정광명의 출현의 징표입니다. 이때 불 원소와 관련 있는 장기인 간이 기능을 멈춥니다.

죽어가는 사람과 자리를 함께 하는 사람들은 결코 분노와 애착 같은 감정을 일으켜서는 안 됩니다. 왜냐하면 이런 감정은 그에게 커다란 장애가 되기 때문입니다.

불 원소의 소멸과 세 번째 깨달음의 기회(요지: 외경=내심=공空)

불 원소가 공기 원소 속으로 소멸하면, 죽어가는 사람은 모든 것이 적색이며 불타고 있다는 느낌을 갖게 됩니다.

이때 마음을 한 곳에 모으고 외부와 내부의 경험들이 모두 마음에 의해 만들어진 것이며 마음으로부터 독립적으로 존재하지 않는다(공空하다)는 것을 믿으면 깨달음을 얻어 불모 빤다라와씨니〔Pandaravasini, 아미타불(Amitabha)의 명비〕의 경지에 오른다고 합니다.

바람(풍風) 원소의 의식 속으로 소멸

바람 원소가 허공이나 의식 속으로 소멸하면, 바람 원소와 관련 있는 폐가 기능을 멈춤에 따라 죽어가는 사람은 숨이 거의 멈춰지게 됩니다.

외적 현상 호흡이 길어지고, 말이 불분명해지며, 숨을 들이쉬고 내쉬기가 어려워집니다. 이때 미각 소멸.

내적 현상 마음이 여전히 매우 불안정하여 감정이 계속해서 변합니다.

은밀 현상 이때 펄러덕거리는 (의식의 영향으로) 촛불 같은 상이 나타나는데, 이것이 네 번째 정광명입니다. 그러나 그의 심장에는 아직도 다소 온기가 남아 있는데, 이곳에서 의식은 마침내 몸을 떠나게 됩니다.

바람 원소의 소멸과 네 번째 깨달음의 기회(요지: 외경=내심=공空)

바람 원소가 허공 속으로 소멸되면 모든 것은 녹색을 띠고 죽어가는 사람은 모든 것이 태풍에 의해 사라져버리는 느낌을 받으며 천 개의 천둥소리 같은 요란한 소리를 듣게 됩니다.

이때 마음을 한 곳에 집중하여 자기가 경험하고 있는 모든 빛과 소리와 색깔이 자기 자신의 마음이 만든 것이고, 아무것도 독립적으로 존재하지 않는다는 것을 믿고, 자기 마음 자체도 공空하다는 것을 깨달으면, 그는 깨달음을 얻어 불모 싸마야따라(Samayatara, 불공성취불(Amoghasiddhi)의 명비)의 경지에 오른다고 합니다.

의식의 정광명 속으로 소멸

이제 거친 네 가지 원소들이 모두 소멸했습니다. 호흡이 멈췄으며, 이제 '나'라는 의식은 없습니다. 모든 것을 완수했으므로, 이제 의식은 완전히 정광명 속으로 사라집니다. 이때 촉각이 소멸됩니다.

수행을 통해, 우리는 우리의 마음을 정광명이 나타나자마자 정광명과 합칠 수 있습니다. 이것은 매우 강력한 때이며 우리의 불성을 실현할 가장 좋은 기회입니다. 심지어 첫 번째 비밀 싸인을 분명히 인식해도 곧장 깨달음을 얻을 수 있다고 합니다.

허공 원소의 소멸과 다섯 번째 깨달음의 기회(요지: 자기 마음=정광명)

허공 원소가 의식 속으로 소멸할 때 죽어가는 사람은 매우 깊은 어둠 속에 들어가고 감각 지각을 잃습니다. 이때 마음을 집중하여 자기 자신의 마음이 법계法界의 본성 혹은 정광명이라고 믿으면 깨달음을 얻어 불모 다뜨위쉬와리〔Dhatvishvari, 비로자나불(Vairocana)의 명비〕의 경지에 오른다고 합니다.

달빛(白光백광): 하얀 보리심의 하강과 여섯째 기회(요지: 화신)

이제 다섯 가지 원소는 모두 소멸되고 우리는 몸의 어떤 부분도 움직일 수 없습니다. 이때 우리는 미간에 작은 하얀 명점明点(Tilaka)을 보게 됩니다. 이것은 우리가 잉태될 때 아버지로부터 정액의 형태로 물려받은 하얀 보리심〔백정白精〕이 물의 성질을 갖고 있어 정수리 짜끄라로부터 중맥을 타고 아래로 심장 중심으로 내려옴에 따라 모든 현상이 하얗게 바뀝니다. 이것이 다섯 번째 법성의 정광명의 경험입니다. 이 순간에 33개 종류의 분노〔진瞋〕가 모두 순식간에 사라져버립니다. 동시에 우리는 기쁨의 지혜를 경험하게 됩니다. 이것이 바로 부처님의 화신化身의 핵심입니다.

우리의 청정하지 않은 몸이 초월적인 정화를 통해 화신이 되는 것입니다. 만일 우리가 이 기쁨과 지혜를 경험하고 인식할 수 있으면, 우리는 깨달음을 얻어 모든 부처님들의 몸의 본질인 바즈라싸뜨와(Vajrasattva)의 경지에 오르게 됩니다.

이 단계에서의 마음 밝은 마음(현명顯明)-이 밝은 마음이 처음으로 공성을 체험한다고 합니다. 이것은 수행을 통해 거칠고 어두운 마음을 정화해야 공성을 직접 깨달을 수 있다는 것을 보여줍니다.

햇빛(적광赤光): 붉은 보리심의 상승과 일곱 번째 기회(요지: 보신)

다음에는 붉은 명점이 서서히 자신의 배꼽으로부터 상승합니다. 이것은 우리가 잉태될 때 어머니로부터 난자의 형태로 물려받은 붉은 보리심(적정赤精)이라고 하는 여성 보리심입니다. 이 붉은 명점이 불의 성질을 갖고 있어 심장을 향해 상승함에 따라 모든 것은 먼동이 트기 전의 하늘의 짙은 붉은 색으로 바뀝니다. 이것이 법성의 정광명의 여섯 번째 출현입니다.

이 때 40가지 유형의 모든 탐욕(탐貪)이 사라지고 우리는 최상의 기쁨을 경험하게 되는데, 이것이 보신報身의 핵심입니다.

우리들의 청정하지 않은 말이 초월적인 정화를 거치면 보신이 된다고 합니다. 만일 우리가 이 뛰어난 기쁨과 지혜를 경험할 수 있으면, 우리는 모든 부처님들의 말씀의 본질인 아미타불(Amitabha)의 경지에 오른다고 합니다.

이 단계에서의 마음 한층 밝은 마음(증휘增輝)

어둠(흑광黑光): 두 보리심의 만남과 여덟 번째 기회(요지: 법신)

정수리로부터 하강한 하얀 보리심과 배꼽으로부터 상승한 붉은 보리심이 심장 짜끄라에서 만나면 우리는 초승달 밤처럼 희미한 어둠을 경험하게 됩니다. 이것이 일곱 번째 정광명입니다. 이때 일곱 가지 종류의 무지와 미혹(치癡)이 사라지고, 우리는 기쁨을 초월하는 지혜, 최상의 경험을 하고 즉시 우리 자신을 모든 붓다들의 마음인 비로자나불로 전환할 수 있습니다. 우리의 이원적인 마음이 초월적인 정화를 통해 법신法身이 되는 것입니다. 우리가 마음의 공성을 깨닫고 그 깨달음의 공성도 깨달으면 우리는 최고의 깨달음인 법신을 성취한다고 합니다.

이 단계에서의 마음 정광명에 가까운 마음(근득近得)

사자死者의 고조된 의식과 깨달음

사자는 생전보다 의식이 아홉(9) 배 더 예리하고 이해력이 많아 주위에 있는 사람들의 마음속에 있는 생각들도 알 뿐만 아니라 무슨 언어로 말해도 다 이해한다고 합니다. 그러므로 이때 보리심을 일으키고 모든 부처님들에 대한 공경심을 갖고 '35불 예참문' 같은 좋은 가르침을 읽어 주어 악업을 정화하는 데에 도움을 주고, 다섯 부처님들의 진언이나 다른 부처님들의 진언, 특히 '옴 마니 반메 훔' 같은 진언을 들려주면 매우 깊은 감명을 받는다고 합니다. 만일 이것을 올바른 정신으로 하면, 사자는 이 가르침들을 처음 듣더라도 단지 듣는 것만으로도 깨달음을 얻을 수 있다고 합니다.

뿐만 아니라 만일 그가 서방정토에 대해 생각할 수 있다면 즉시 해탈할 수 있다고 합니다. 그러나 자신이 지은 업의 힘(업력業力) 때문에 대부분의 사람들은 그런 고상한 생각은 하지 못하고 두려움과 슬픔, 부정적인 감정에 사로잡힌다고 합니다. 이런 것을 통해 착하고 고상한 삶의 중요성을 확실히 인식할 수 있습니다.

다섯 부처님 진언

옴 바이로짜나 옴	OM VAIROCANA OM
옴 악쇼비아 훔	OM AKSHOBHYA HUM
(또는 옴 바즈라싸뜨와 훔)	(OM VAJRASATTVA HUM)
옴 아미따바 흐리	OM AMITABHA HRIH
옴 라뜨나쌈바와 뜨람	OM RATNASAMBHAVA TRAM
옴 아모가씻디 아	OM AMOGHASIDDHI AH

참회 수행을 위한 35 부처님들
– 작가: 야마당트리니(YAMADANGTRINI) 이란(NAN LEE)

Ⅱ. 법성法性 광명의 바르도, 보신으로 성불할 수 있는 단계

• 약 10일간 지속

사자死者는 이렇게 다짐하십시오.

"진실(법성)의 바르도에서 여러 가지가 나타나는데, 아무리 매혹적이거나 무서운 것이더라도, 나는 그것이 모두 나 자신의 마음의 현현에 불과하다는 것을 인식하리라. 나는 그것들이 단지 환영이고 투영이며, 겉모습들일 뿐이라는 것을 알리라. 무슨 순하거나 사나운 모습들이 이 막중한 기간에 일어나더라도, 나는 두려워하거나 우려하지 않을 것이다."

애착이나 미움, 탐하거나 두려워하는 것은 분리와 고통으로 가는 길입니다. 합일로 가는 길은 분별을 벗어난 평등심입니다.

진실의 바르도에서 해탈하려면, 모든 현상들(소리와 빛과 형상 혹은 색깔들)이 자기 자신의 마음의 표현이라는 것을 인식하고 거기에 애착하지 말아야 합니다.

"아, 이제, 법성의 바르도가 내 앞에 일어나니 단순히 생각일 뿐인 일체의 두려움 버리고, 일어나는 건 모두 나의 마음의 표출이며 그런 건(소리와 빛과 색깔) 바르도의 현상임을 인식하리. 지금 이 순간, 이토록 중대한 시점에 도달했으니, 저절로 나타나시는 평온한 모습과 무서운 모습의 부처님들 성중들을 난 무서워하지 말아야 하네."

Ⅲ. 평온한 모습의 붓다들이 출현하시는 바르도

• 제4일~10일

다섯 가지 광명과 다섯 종류의 부처님들의 출현

"다섯 가지 지혜의 광명이 밝아올 때 그들을 저 자신의 본성으로 인식하고 두려워하지 않게 하소서(외경=내심). 그리고 다양한 모습의 적정과 분노존의 부처님들께서 나타나실 때 제가 자신감을 갖고 바르도의 특징을 인식하게 하소서."

밝은 빛과 함께, 매우 어두운 빛이 근처에 나타납니다. 일반인들은 강한 빛을 두려워하고 흐린 빛으로 마음이 끌린답니다.(이때에 대비해서 강한 빛에 대한 두려움을 갖지 않는 훈련을 해 둬야 한다는 걸 잊지 마십시오!)

밝은 빛과 함께 흐린 빛이 나타날 때 밝은 빛을 따라가고 흐린 빛은 피해야 합니다. 흐린 빛들은 부정적인 감정의 본질이므로, 흐린 빛에 끌려가면 나쁜 곳에 떨어지게 됩니다.

"아, 제가 뿌리 깊은 이원적인 착란(그릇된 분별)에 휘둘리어 윤회 속을 헤맬 때 산란을 여읜 문聞, 사思, 수修의 밝은 광명의 길로 전승법계 스승님들께서는 앞에서 이끄시고 불모님들, 다끼니들께서는 뒤에서 미시어 바르도의 험로에서 저를 구원하소서. 붓다의 정등각지로 저를 인도하소서."

첫째 날

〔모든 부처님들의 색온의 화현〕 비로자나(백색) +명비(청색) + 권속 네(4)분 출현

〔해탈의 길〕 눈부신 청색광명=(지혜광명) 법계체성지

(청정한 색온의 광명, 무지의 본성) → 해탈 · 성불로 인도

〔윤회의 길〕 (동반출현) 흐릿한(부정한) 백색광명 → 천상계

지혜의 빛은 너무도 밝고 두려울 만큼 강렬하며 해탈이나 성불로 인도합니다. 그러나 무지의 빛은 흐려서 편안해 보이지만 윤회의 고통으로 인도합니다.

법계체성지 모든 것의 절대적인 성품(공성空性)을 깨닫는 수승한 지혜, 이 지혜가 자비심의 원천입니다(공성을 깨달으면 모든 고통에

서 벗어나므로 깨닫지 못해 고통 받는 중생들에 대해 자비심이 저절로 일어나는 법입니다).

법계체성지의 청색광명이 자신의 각성의 광명〔외경=내심〕임을 사자死者가 인식하고 비로자나 부처님의 몸속으로 무지갯빛으로 녹아들면 그는 보신의 몸으로 성불합니다.

그러나 그 찬란한 지혜의 빛이 두려워서 과거의 나쁜 습기 때문에 흐린 백색광명을 따라가면 그는 천상계에서 신으로 태어납니다. 천신도 윤회하는 중생이므로 그도 죽을 때에는 엄청난 고통을 겪으며 지옥계나 아귀계, 축생계로 떨어집니다. 그러므로 하늘나라는 결코 부러운 곳이 아닙니다.

"아, 제가 뿌리 깊은 무지에 휘둘리어
윤회 속을 헤맬 때
법계체성지의 밝은 광명의 길로
비로자나불께서는 앞에서 이끄시고
〔불모 아까샤Akasha〕 다뜨위쉬와리(Dhatvishvari)께서는
뒤에서 미시어 바르도의 험로에서 저를 구원하소서.
붓다의 정등각지로 저를 인도하소서."

비로자나 부처님의 법계체성지의 청색 광명을 따라가십시오!

둘째 날

금강살타(백색) 혹은 〔모든 부처님들의 식온의 화현〕

악쇼비아(Akshobhya ; 청색) 성중 출현

〔해탈의 길〕 눈부신 백색 광명=대원경지

(청정한 식온의 광명, 분노의 본성)

〔윤회의 길〕 흐릿한 회색 광명 → 지옥계

대원경지 거울이 앞에 나타나는 대상을 빠짐없이 비춰주듯이, 모든 현상을 동시에 파악하는 수승한 지혜.

만일 사자가 비로자나불을 알아보지 못하면 또 하나의 흰 빛이 나타나는데, 이것은 또한 바즈라싸뜨바(Vajrasattva)의 빛으로 알려져 있으며 사물을 거울처럼 비춰보는 지혜〔대원경지大圓鏡智〕와 관련되어 있습니다. 만일 사자가 이것을 자기 자신의 마음의 빛이라는 것〔외경=내심〕을 알아보면 당혹은 끝나고 사자는 더 이상 바르도를 경험하지 않습니다. 이때 이 찬란한 흰 빛의 중심으로부터 바즈라싸뜨바 부처님(Buddha Vajrasattva)과 그의 명비가 권속들에 둘러싸여 나타나십니다.

"아, 제가 뿌리 깊은 분노(미움)에 휘둘리어

윤회 속을 헤맬 때

대원경지의 밝은 광명의 길로
바즈라싸뜨와께서는 앞에서 이끄시고
불모 붓다로짜나(Buddhalocana)께서는 뒤에서 미시어
바르도의 험로에서 저를 구원하소서.
붓다의 정등각지로 저를 인도하소서."

금강살타 부처님의 대원경지의 백색 광명을 따라가십시오!

셋째 날

〔모든 부처님들의 수온의 화현〕 보생여래(황색) 성중 출현
〔해탈의 길〕 눈부신 황색 광명=평등성지(청정한 수온의 광명, 교만의 본성)
〔윤회의 길〕 흐릿한 청색 → 인간계
평등성지: 모든 현상이 평등하다는 것을 깨닫는 수승한 지혜

다음에는 황금-노란 빛이 나타나는데 이것은 평등성지平等性智(분별의 경계에서 벗어난 지혜)라는 것〔외경=내심〕을 사자가 깨달으면 그는 보신(Sambhogakaya)의 붓다가 됩니다. 사자를 환영하기 위해 보생불(Buddha Ratnasambhava)과 그의 명비(consort)가 그 빛 가운데서 나타나시고, 사자는 해탈하여 더 이상 윤회하지 않게 됩니다.

바즈라싸뜨와(VAJRASATTVA)와 그의 명비 합체존
– 작가:아마당트리니 이란(NAN LEE).
평화로운 모습의 부처님들은 대체로 이런 모습입니다.

"아, 제가 뿌리 깊은 교만에 휘둘리어
윤회 속을 헤맬 때
평등성지의 밝은 광명의 길로
라뜨나쌈바와(Ratnasambhava)께서는 앞에서 이끄시고
불모 마마끼(Mamaki)께서는 뒤에서 미시어
바르도의 험로에서 저를 구원하소서.
붓다의 정등각지로 저를 인도하소서."

보생여래의 평등성지의 황색 광명을 따라가십시오!

넷째 날

〔모든 부처님들의 상온의 화현〕 아미따바 부처님(적색) 성중 출현
〔해탈의 길〕 눈부신 적색 광명=묘관찰지(청정한 상온의 광명, 탐욕의 본성)
〔윤회의 길〕 흐릿한 황색 광명 → 아귀계

묘관찰지 모든 개별적인 현상을 분명하게 분별하는 수승한 지혜

뒤이어 짙은 붉은 빛이 나타나서 공간 전체에 퍼집니다. 이것은 묘관찰지妙觀察智(모든 것의 차별성을 아는 지혜)의 빛입니다. 무량광

불에 대해 수행한 분들은 이 빛을 쉽게 알아보고 윤회로부터 벗어날 수 있습니다. 이때 아미타불(Buddha Amitabha)과 그의 명비께서 권속들에 둘러싸여 나타나십니다.

"아, 제가 뿌리 깊은 탐애에 휘둘리어
윤회 속을 헤맬 때
묘관찰지의 밝은 광명의 길로
아미따 부처님께서는 앞에서 이끄시고
불모 빤다라와씨니(Pandaravasini)께서는 뒤에서 미시어
바르도의 험로에서 저를 구원하소서.
붓다의 정등각지로 저를 인도하소서."

아미타불의 묘관찰지의 적색 광명을 따라가십시오!

서방정토에 다시 태어나기 위한 준비

먼저 아미타 부처님과 정토에 대한 확고한 믿음을 가져야 합니다.

1. 아미타 부처님과 그의 정토에 대한 자세한 모습에 대해 사유해야 합니다.
2. 보시 등을 통해 충분한 공덕을 쌓아야 합니다.
3. 모든 어머니 중생들을 서방정토로 인도하겠다는 마음을 갖고

보리심을 길러야 합니다.

4. 지금까지 쌓아온 모든 공덕을 서방정토왕생을 위해 회향하고 거기에서 다시 태어나겠다는 진심어린 서원을 합니다.

아미타불 진언: 옴 아미따바 흐리(10만 번 염송하십시오!)

다섯째 날

〔모든 부처님들의 행온의 화현〕 불공성취불(녹색) 성중 출현

〔해탈의 길〕 눈부신 녹색 광명=성소작지(청정한 행온, 질투의 본성)

〔윤회의 길〕 흐릿한 적색 광명 → 수라계

성소작지: 부처님의 모든 활동을 수행하는 수승한 지혜

이어서 강렬한 녹색 빛이 나타납니다. 이것은 모든 일을 자연스럽게 성취하는 지혜〔성소작지成所作智〕의 빛입니다.

갈마족(karma family)의 부처님들에 대해 수행한 분들은 이것을 분명히 인식할 것입니다. 그러면 사자는 즉각 깨달음을 성취합니다. 이 녹색 빛의 터전 중심으로부터 불공성취불(Buddha Amoghasiddhi)과 그의 명비 따라(Tara)가 합체존의 모습으로 나타나십니다. (따라에 대해 공부하시고 싶은 분들은 중암 스님의 『위대한 여성 붓다 아르야 따라의 길-聖多羅佛母成就法-』을 보십시오.)

21존 따라 – 작가: 야마당트리니 이란(YAMADANGTRINI NAN LEE)
따라 진언: 옴 따레 뚜따레 뚜레 스봐하(OM TARE TUTTARE TURE SVAHA)

"아, 제가 뿌리 깊은 질투에 휘둘리어
윤회 속을 헤맬 때
성소작지의 밝은 광명의 길로
불공성취불께서는 앞에서 이끄시고
불모 싸마야따라(Samayatara)께서는 뒤에서 미시어
바르도의 험로에서 저를 구원하소서.
붓다의 정등각지로 저를 인도하소서."

불공성취불의 성소작지의 녹색 광명을 따라가십시오!

질투심이 많은 분들은 다음 생에 아수라로 태어나서 천신들을 질투해서 그들과 싸우느라 심한 고통을 겪게 된답니다.

사자 앞에 나타나는 모든 상들(visions)은 외부로부터 온 것이 아닙니다. 그것들은 모두 사자 자신의 마음의 투영(projections)〔외경=내심〕일 뿐입니다. 그것들은 청정한 사랑과 자비, 지혜로 충만한 우리들의 마음의 본성의 투영입니다.

돌아가시기 전에 지금까지 나오신 다섯 분의 부처님들과 그분들이 대변하시는 다섯 가지 성스러운 지혜〔5성지聖智〕를 익혀 놓으신 분들은 바르도에서 쉽게 성불成佛하시거나 해탈解脫하실 수 있습니다. 이 분들 중에서 어느 한 분만 알아봐도 사자는 붓다가 되십니다.

그러면 모든 바르도의 경험은 중단되고, 온 외부 우주가 그의 내부로 용해됩니다. 이제 그는 윤회의 세계에서 벗어나서 가장 완전하고 행복한 성인聖人이 되시는 것입니다.

여섯째 날

이 날에는 지금까지 5일 동안 나타나신 다섯 부처님들의 남녀 합체존과 권속 외에 만달라의 네 문을 지키시는 네 명왕들과 명비, 그리고 육도의 여섯 부처님들, 모든 부처님들의 원조인 보현여래와 보현불모도 출현하십니다. 부처님들께서 나타나시는 것은 중생들을 해탈로 인도하시기 위해서입니다.

보현여래와 보현불모 합체존 – 작가: 아먀당트리니 이란(NAN LEE)
우리들의 마음의 공한 성품(공성) = 싸만따바드리(보현불모)
우리들의 마음의 걸림 없는 광명 = 싸만따바드라(보현여래)

해탈을 위한 기원

"아, 제가 5독의 악업으로 윤회할 때
네 가지 지혜[아직 성소작지는 미완성]가 합쳐진
광명의 길로 5종 성불께서는 앞에서 이끌어 주시고
5종 성불모께서는 뒤에서 미시어
부정한 육도 중생들의 빛의 길로부터 구하소서!
바르도의 험로로부터 구하시어
다섯 부처님들의 정토로 인도해 주소서."

이렇게 간절히 기원하면 상근기 · 중근기 · 하근기 수행자들은 모두 성불한다고 합니다. 그러나 수행하는 습성이 전혀 없는 사람들과 수행의 약속 등을 어긴 사람들은 과거에 지은 악업 때문에 어쩔 줄 몰라서 계속해서 아래로 유랑하게 된다는 것을 잊지 마십시오!

5종 성불과 5종 성모

"5종 성불聖佛께서는 들으시고 보살펴 주시옵소서!
5온蘊이 본래 부처님들이시며
이것이 이 부처님들의 뜻이건만
무지로 저희들이 그렇게 깨닫지 못해

어떤 식으로 저희들이 부처님들의 뜻에
어긋나는 행동을 했든
자비로운 분들이시여, 저희들을 용서하옵소서!"

5온(색色 · 수受 · 상想 · 행行 · 식識)=5종 성불

"5종 성모聖母께서는 들으시고 보살펴 주시옵소서!
5대大가 본래 부처님들이시며
이것이 이들 부처님들의 뜻이건만
무지로 저희들이 그렇게 깨닫지 못해
어떤 식으로 저희들이 부처님들의 뜻에
어긋나는 행동을 했든
자비로운 분들이시여, 저희들을 용서하옵소서!"

5대(지地 · 수水 · 화火 · 풍風 · 공空)=5종 성모

5독을 5지로 바꾸는 수행

[핵심교의] [평생수행자료]

미움의 대상[외경]을 따라가지 말고,
성난 마음[내심]을 보라.

정토로 가는 길: 만달라의 성스러운 에너지를 느껴보십시오!

이 맑은 공성이 다름 아닌 대원경지네.
미움의 자연 해방(자연 소멸) 안에서,
육자진언 염송하라.

자만의 대상을 쫓아가지 말고, 자만하는 마음을 보라.
자만이, 저절로 일어나 사라지는 것이,
본래의 공성이네.
이 본래의 공성이 다름 아닌 평등성지이네.
자만의 자연 해방 안에서, 육자진언 염송하라.

욕망의 대상을 갈망하지 말고, 갈망하는 마음을 보라.
욕망이, 저절로 일어나 사라지는 것이 낙공樂空이네.
이 낙공이 다름 아닌 일체분별지(묘관찰지)이네.
욕망의 자연 해방 안에서, 육자진언 염송하라.

질투의 대상을 따라가지 말고, 질투하는 마음을 보라.
질투가, 저절로 일어나 사라지는 것이, 공한 지혜이네.
이 공한 지혜가 다름 아닌 성소작지네.
질투의 자연 해방 안에서, 육자진언 염송하라.

무지로 조작된 생각들을 당연시하지 말고,
무지 자체의 성품을 보라.

수많은 생각들이, 저절로 일어나 사라지는 것이,
각성-공성이네.
이 각성-공성이 다름 아닌 법계체성지이네.
무지의 자연 해방 안에서, 육자진언 염송하라.
-빠뚤 린뽀체(Patrul Rinpoche)

일곱째 날

〔해탈의 길〕 사자의 습기가 법계로 소멸하여 청정한 구생지혜의 다섯 광명이 다섯 부처님들의 심장으로부터 발산하여 사자의 심장을 향해 비출 때, 〔윤회의 길〕 동시에 축생계의 흐릿한 녹색 광명도 함께 나타납니다.

해탈을 위한 기원

"아, 제가 습기로 윤회할 때
구생지혜의 밝은 광명의 길로
용사와 지명들은 앞에서 이끌어 주시고
명비이신 다끼니들은 뒤에서 미시어
저를 바르도의 험로로부터 구하시어
성스러운 다끼니 정토로 인도해 주소서!"

이와 같이 간절한 믿음으로 기원하면, 사자는 부처님들의 심장 속에 무지갯빛으로 녹아든 뒤 다끼니 정토에 태어나게 됩니다. 이 시점에서는 나쁜 습기를 가진 자들도 반드시 해탈할 수 있습니다.

Ⅳ.무서운 모습의 붓다들이 출현하시는 바르도

● 보신으로 성불할 수 있는 단계 (제11일-18일)

법신의 공성 → 42존의 적정의 부처님들(사자의 심장 차끄라에서 출현)

법신의 광명 → 58존의 위맹의 부처님들(사자의 정수리 차끄라로부터 출현)

사자死者가 수행을 하지 않아서, 평화로운 모습의 적정존의 부처님들을 좋아하고 무서운 모습의 위맹존의 부처님들을 싫어하면, 이들 부처님들의 모습은 사자의 시야에서 사라지고 사자는 재생의 바르도에 들어가게 됩니다.

여덟째 날

출현하시는 부처님과 명비

(외양) 붓다 헤루까(Buddha Heruka) : 몸빛은 흑갈색, 머리 셋, 팔 여

셋, 다리 넷+붓다끄로데쉬와리(Buddhakrodeshvari)

(실상)=비로자나(Vairocana) 부처님과 그의 명비

사자는 이 사실을 인식함과 동시에 해탈합니다. 그러니 평소에 이들 부처님들을 모셔놓고 수행하는 분들이 얼마나 행운아들인지 알 수 있을 것입니다.

아홉째 날

출현하시는 부처님과 명비

(외양) 바즈라 헤루까(Vajra Heruka): 몸빛은 검푸르고, 머리 셋, 팔 여섯, 다리 넷+바즈라끄로데쉬와리(Vajrakrodeshvari)

(실상)=금강살타(Vajrasattva)와 그의 명비

열째 날

(외양) 라뜨나 헤루까(Ratna Heruka):몸빛은 검누르고, 머리 셋, 팔 여섯, 다리 넷+라뜨나끄로데쉬와리(Ratnakrodeshvari)

(실상)=보생여래(Ratnasambhava)와 그의 명비

열하루째 날

(외양) 빠드마 헤루까(Padma Heruka) : 몸빛은 검붉고, 머리 셋, 팔 여섯, 다리 넷+빠드마끄로데쉬와리(Padmakrodeshvari)

(실상)=아미타불(Amitabha)과 그의 명비

열이틀째 날

(외양) 까르마 헤루까(Karma Heruka) : 몸빛은 짙은 녹색, 머리 셋, 팔 여섯, 다리 넷+까르마그로데쉬와리(Karmakrodeshvari)

(실상)=불공성취불(Amoghasiddhi)과 그의 명비

해탈을 위한 기원

"아, 제가 습기의 악업으로 윤회 속에서 유랑할 때
공포의 환영들이 없는 광명의 길로
정맹(적정과 위맹)의 부처님들은 앞에서 이끄시고
정맹의 불모들과 분노의 여신들은 뒤에서 미시어
바르도의 험로에서 저를 구해 주시고
붓다의 정등각지로 인도하여 주소서.

이제 사랑하는 사람들과 헤어지고 저 홀로
유랑할 때 무수한 공한 영상들이 나타날 때
여러 부처님들께서는 대비의 신력을 내시어
바르도에 대한 공포를 소멸시켜 주소서.

지혜의 다섯 광명이 비칠 때
두려움과 무서움을 일으키지 말고
그것을 저의 본성(외경=내심)임을 깨닫게 하시고,
적정과 분노의 부처님들께서 출현하실 때
무서워하지 말고 자신을 갖고
이것이 바르도의 특징임을 깨닫게 하소서.

제가 과거의 악업의 결과로 고통을 겪을 때
부처님들께서 그 고통을 쫓아주시고,
진실(법성)의 소리가 천 개의 천둥처럼 울릴 때
모든 소리가 육자진언의 소리로 들리게 하소서.

제가 업보 때문에 쫓기며 피난처를 찾지 못할 때
대비 관세음께서는 저를 보호해 주시고,
제가 습기와 악업의 고통을 겪을 때
정광명과 희열의 삼매가 일어나게 하소서.

다섯 가지 원소들이 적으로 일어나지 말고
제가 그들을 다섯 부처님들의 정토로 보게 하소서.”

육자진언=자비진언: 옴 마니 반메 훔

이 귀한 가르침 만난 인연으로 모든 어머니 중생들이 모든 고통에서 벗어나 영원한 행복 누리소서!

“〔옴 아 훔〕•
자비로우신 불보살님들이시여, 저를 도와주소서.

허공 원소들이 적으로 일어나지 않게 하소서.
제가 그들을 청색 부처님〔비로자나〕의 정토로 보게 하소서.

물 원소들이 적으로 일어나지 않게 하소서.
제가 그들을 백색 부처님〔바즈라싸뜨와〕의
정토로 보게 하소서.
땅 원소들이 적으로 일어나지 않게 하소서.
제가 그들을 금색 부처님〔라뜨나쌈바와〕의

• 옴OM, 아AH, 훔HUM: 부처님들의 몸 · 말 · 맘을 나타내며 흔히 삼밀三密(three vajras)이라 함. 범부의 부정한 몸 · 말 · 맘은 삼문三門.

정토로 보게 하소서.

불 원소들이 적으로 일어나지 않게 하소서.
제가 그들을 적색 부처님(아미따바)의
정토로 보게 하소서.

바람 원소들이 적으로 일어나지 않게 하소서.
제가 그들을 녹색 부처님(불공성취불)의
정토로 보게 하소서.

(무서운) 소리와 빛과 광선이 적으로 일어나지 않게 하소서.
제가 그들을 적정존과 위맹존의 무량한
정토로 보게 하소서.
무지개 색 원소들이 적으로 일어나지 않게 하소서.
제가 그들을 다양한 부처님들의 정토로 보게 하소서.

모든 소리를 저 자신의 소리(외경=내심)로
인식하게 하소서.
모든 빛을 저 자신의 빛(외경=내심)으로
인식하게 하소서.
모든 광선을 저 자신의 광선(외경=내심)으로

인식하게 하소서.
제가 저절로 바르도의 특징을 인식하게 하소서.
부처님들의 삼신三身의 정토가 실현되게 하소서.”

아들의 예지豫知로 지옥에서 벗어난 어머니: 만뜨라 '옴 마니 반메 훔'의 위력

샤리뿌뜨라Shariputra가 자신의 어머니를 도와드리려고, 생각해 낸 것은 어머니 방의 문 위에 도어 벨을 달아놓는 것이었습니다. 그가 어머니에게 말씀 드렸습니다.
"지금부터, 저희는 집안에 새로운 규칙이 하나 있습니다. 어머니께서 저 벨이 울리는 소리를 들으실 때마다, '옴 마니 반메 훔'이라고 말씀하셔야 합니다."
이것은 그녀의 여생 동안 계속되었습니다.
그녀가 죽자 그녀의 의식은 매우 부정적인 업 때문에 지옥에 다시 태어났습니다. 그녀가 이 지옥에 있을 때 큰 가마솥이 하나 있었는데 거기에다 이곳 주민들이 많은 지옥 중생들의 몸을 삶고 있었습니다. 그들 중의 하나가 그 솥을 큰 수저로 저을 때, 그 수저로 그 솥을 쳤습니다. 이 소리를 듣자 샤리뿌뜨라의 어머니였던 이 지옥중생이 즉시 말했습니다. "옴 마니 반메 훔"이라고. 그러자 그녀는 즉시 지옥에서 해방되었습니다.

'옴 마니 반메 훔(OM MANI PADME HUM)'의 의미

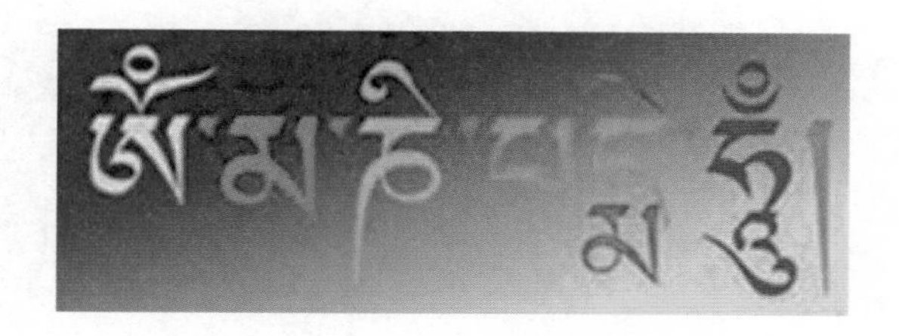

'옴 마니 반메 훔'은 깨달음의 방편과 지혜를 함께 닦는 수행을 통해서 우리들의 부정한 몸과 말 · 뜻 삼문을 청정한 붓다의 몸과 말 · 뜻 삼밀로 전환하는 것을 의미합니다. 다시 말해, 이 진언 염송 수행을 통해 우리가 붓다가 될 수 있다는 말입니다.

누구든지, 심지어 무지한 야생동물까지도, 이 육자진언('옴 마니 반메 훔')을 보거나 그 소리를 들으면 해탈의 씨가 그에게 심어지고 그는 악도에 다시 태어나지 않는다고 합니다.

만일 어떤 사람이 이 육자진언을 제대로 염송하면, 자기 몸 안에 있는 기생충까지도 관세음의 정토淨土 뽀딸라까Potalaka에서 다시 태어난답니다. 모두가 이 가피를 받으소서!

V. 육도의 환영들이 나타나는 재생의 바르도

● 화신으로 성불할 수 있는 기회(대략 제30일~49일)

일반적으로 바르도 기간은 49일(7주) 이하입니다. 그러나 아집我執이 강하고, 애착과 미움이 강한 사람들은 수년간 바르도에 머문다고 합니다. 집착이 얼마나 무서운지 다시 한 번 인식하시기 바랍니다.

7주 후에 티베트 인들은 시신을 꺼내다가 독수리들에게 먹이로 주는데, 이것은 '조장(鳥葬)'이라고 알려져 있습니다. 여기에는 마지막까지도 중생들을 위하는 따뜻한 사랑이 담겨 있습니다.

> "고귀한 자손이여, 무슨 광경이 나타나더라도, 거기에 마음이 끌리거나 두려움을 일으키지 마십시오. 스승님들과 삼보와 대비 관세음을 부르고, 밀어내지도 끌어당기지도 않는 안락한 마음의 평정 상태(평등심)에 머무시오."

바르도의 네 가지 공포

1. 땅(지地) 원소의 바람의 역류로 산이 무너진다는 착각
2. 물(수水) 원소의 바람의 역류로 호수와 강이 범람한다는 착각
3. 불(화火) 원소의 바람의 역류로 불에 휩싸인다는 착각
4. 풍(風) 원소의 바람의 역류로 폭풍이 자신을 공격한다는 착각

이 기간은 평온한 모습과 무서운 모습의 부처님들의 상(vision)이 끝남으로부터 우리가 자궁에 잉태될 때까지 지속됩니다. 이 시기는 여섯 가지가 정해지지 않은 기간입니다.

처소부정處所不定: 바르도 중생의 정신적인 몸은 움직임에 방해를 받지 않으며 완전히 제멋대로입니다.

주거부정住居不定: 바르도의 중생은 탑 안이나 사원 안, 다리 밑 등 쉴 곳을 찾아다니지만 한 곳에 정착할 능력이 없습니다.

행위부정行爲不定: 바르도의 중생의 정신적인 몸의 활동은 전혀 예측 불가능합니다.

음식부정飮食不定: 바르도의 중생은 육도의 중생들이 먹는 온갖 음식물을 알아볼 수 있지만, 특별히 자기들에게 바쳐진 음식물이 아니면 섭취할 수가 없습니다. 사실 이들은 태워서 제공하는 음식물의 냄새만 흡입할 수 있습니다. 그러므로 49재 기간 동안 매주 행하는 제사 때에 음식물 공양을 여러 번, 청정한 마음을 갖고 마

음을 한 곳에 집중해서 올려드려야 합니다.

친우부정親友不定: 바르도의 중생들에게는 정해진 친구가 없고 일시적인 우연한 만남이 있을 뿐입니다.

심사부정心思不定: 때로는 기쁘지만 때로는 괴로움에 압도되는 등, 바르도 중생들의 마음은 끊임없이 변한다고 합니다.

바르도에서 만나는 무서운 세 절벽의 환영幻影

이런 불안정한 마음상태에서 바르도의 유정들은 세 가지 절벽으로 위협을 받는데, 이것은 세 가지 마음의 독(삼독三毒)에 의해서 만들어집니다.

1. 붉은 절벽: 사자 자신의 탐욕(탐)의 투영물〔외경=내심〕
2. 검은 절벽: 사자 자신의 분노(진)의 투영물〔외경=내심〕
3. 하얀 절벽: 사자 자신의 무지(치)의 투영물〔외경=내심〕

이들 독은 세 부처님 가족들을 통해 정화됩니다.

악쇼비야(아촉불): 분노(진)의 본래 청정 상징

아미따바(아미타불): 탐욕(탐)의 본래 청정 상징

바이로차나(비로자나불): 어리석음(치)의 본래 청정 상징

사자가 임종 후 지금까지 여러 차례 해탈이나 성불할 기회가 있었지만 하지 못한 것은 자기 자신의 마음의 본성을 깨닫지 못했기 때문입니다.

지금까지는 여러 부처님들이 출현하셔서 갈피를 잡기 어려웠을 것입니다. 그러나 여기 재생의 바르도에서는 자기 앞에 어떤 것이 나타나든, 마음을 집중하여 그것들이 모든 부처님들의 자비의 화신인 대비 관세음의 현현이라 생각하십시오. 당신의 흠모하는 마음이 관세음의 자비와 합쳐지면 당신은 깨달음을 얻을 수 있습니다. 그러면 당신의 바르도는 여기서 끝나고 당신은 윤회의 고통에서 영원히 벗어나게 됩니다.

재생의 바르도에서 해탈하기 위한 수행

살아 있을 때 대비 관세음에 대한 수행을 해 두면 임종 시에 매우 도움이 됩니다.

> 사자死者는 자기가 지금 바르도에 있다는 것을 깨닫고 다음과 같이 합니다.
> 바깥 세계를 서방정토라고 관상(상상-눈으로 직접 보는 것처럼 분명하게)하고, 모든 중생들을 대비 관세음으로, 그의 몸은 색色과 공空의 합일로 생각합니다.

모든 소리는 육자진언으로서 소리와 공空의 합일로, 모든 생각은 각성(지혜)과 공의 합일이라고 생각합니다.

사자가 이 수행법을 알아서 시행하면 즉시 바르도로부터 해탈할 수 있다고 합니다.

해탈로 가는 길은 수행뿐……! -잊지 마십시오!

업장 때문에 해탈하지 못한 경우

인간계의 청색 빛을 따라가도록 노력하십시오.

● 주의: 다음 빛들은 절대로 따라가지 마십시오.

흰빛 → 천상계(교만). 붉은 빛 → 수라계(질투).
녹색 빛 → 동물계(어리석음). 연황색 빛 → 아귀계(인색).
회색 또는 검정색 빛 → 지옥계(분노)

탐욕이 많고 인색한 분들은 남들에게 많이 베풀어서 욕심을 줄이는 훈련을 해야 합니다. 그 습기가 강한 분들은 다시 태어나는 과정에서 이것이 배고픔과 갈증의 증가로 나타나는데, 이것은 아귀계에서 다시 태어날 신호라고 합니다.

불교의 세계관에 의하면, 세계는 수미산이 가운데 있고, 둘레에 네 개의 대륙이 있습니다. 각 대륙은 다른 영역과 개인적인 업業으로 인한 다른 종류의 중생들이 있습니다.

동쪽 대륙(동승신주, 위데하Videha) (X): 만일 당신이 동쪽 대륙에 태어나게 되면 당신은 암수의 오리들이 떠 있는 호수를 보게 될 것입니다. 이곳에서는 부유하고, 긴, 행복한 삶을 영위하지만 여기에는 붓다의 가르침이 없으므로 깨달음을 얻을 기회가 없습니다. 그러므로 이곳에 태어나는 것을 바라지 말아야 합니다.

서쪽 대륙(서우화주, 고다니야Godaniya) (X): 만일 당신이 좋은 암수의 말들을 호수 주위에서 보게 되면 당신은 이곳에 태어나게 됩니다. 하지만 이곳에 태어나는 것도 바라지 말아야 합니다. 왜냐하면 이곳도 부유한 삶을 제공하지만 붓다의 가르침을 수행할 가능성이 없기 때문입니다.

북쪽 대륙(북구로주, 꾸루Kuru) (X): 당신이 이곳에 태어난다면 호수 주위에 소들이나 아름다운 나무들을 보게 될 것입니다. 여기 또한 부유하고, 행복하며 장수하는 삶을 누리지만 붓다의 가르침을 수행할 기회가 없습니다.

남쪽 대륙(남섬부주, 잠부위빠Jambudvipa) (O): 이곳에서는 많은 아름다운 집들을 보게 되는데, 이곳은 네 개의 대륙 가운데 유일하게 붓다의 가르침을 수행할 수 있는 곳입니다. 만일 당신이 이곳에 태어나려면 당신은 당신의 미래의 부모가 성교하는 것을 보게 됩니다. 그들이 아무리 먼 곳에 있더라도.

당신이 남자로 태어나려면 당신은 당신의 어머니에게 끌리고 당신의 아버지를 싫어하게 됩니다. 만일 당신이 여자로 태어나려면 당신은 아버지에게 끌리고 당신의 어머니를 싫어하게 됩니다. 이런 감정을 갖는 순간에 당신은 자궁 속에 들어가서 일반 중생으로 태어나게 됩니다.

장래의 부모를 구루 린뽀체(빠드마쌈바와)와 그의 명비로, 당신 자신도 붓다로 관상(상상)하십시오. 애착이나 미움을 버리고 믿음을 갖고 평등심에 머무십시오. 심오한 가르침을 열망하면서 간절히 기도하면 소원이 반드시 이뤄질 것입니다.

● (추천) 『티베트 사자의 서』에 대해 더 자세히 공부하시고 싶은 분들은 중암 스님께서 역주하신 『완역 티베트 사자의 서』를 보십시오.

인간으로 다시 태어나는 것을 막는 두 가지 방법

첫째 방법은 그 집들과 청색 빛(외경外境)이 단지 당신 자신의 마음의 투영으로 실재하지 않는다는 것을 깨달음으로써 해탈을 성취하는 것입니다.

둘째 방법은 그 빛과 그것을 인식하는 당신의 마음(내심內心)이 실재하지 않고 공空하다는 것을 깨달아서 당신이 둘이 아닌 합일의 상태에 도달하는 것입니다.

외경=공空 내심=공 그러므로 외경=내심

마지막 순간까지 최선을!

마지막 순간까지 최선을 다해야 합니다. 바르도에서는 단 하나의 긍정적인 생각의 힘이 당신의 깨달음을 보장할 수 있다는 것을 확신하십시오. 반대로, 단 하나의 부정적인 생각이 벗어나기 지극히 어려운 고통의 심연(악도)으로 끌고 갈 수 있다고 합니다. 이 또한 명심하고 절대로 부정적인 생각을 갖지 마십시오.

언제 어디서나 당신의 모든 것은 결국 당신 자신에 의해 결정됩니다. 그러므로 언제나 맑게 깨어 있으면서 지혜롭게 사태에 대처할 수 있는 능력을 길러야 합니다.

빠드마쌈바와 – 작가: 아마당트리니 이란(NAN LEE).
상단 중앙에 계신 분이 아미타 부처님이고 하단 양쪽(중앙은 문수보살님)에 계신 두 분이 구루 린뽀체의 명비들입니다.
빠드마쌈바와 진언: 옴 아 훔 바즈라 구루 빠드마 씻디 훔(OM AH HUM VAJRA GURU PADMA SIDDHI HUM)

은혜로운 모든 어머니 중생들이시여,
모두모두 해탈-성불하소서!
옴 아 훔!

마지막으로, 이 어리석은 자가 이 귀한 책을 쓸 수 있도록 이끌어 주신 모든 스승님들께 절을 올립니다. 자비로운 스승님들이시여, 제가 여기서 저질렀을 모든 잘못을 용서해 주시고 바른 깨달음의 길로 인도해 주소서!

옴 바즈라싸뜨와 훔!

이제는 모두가 친구
모두가 사랑
모두가 기쁨
여기가 낙원이게 하소서!

2014년 5월 25일 밤
아찰라 김영로 합장

행복한 삶과 죽음의 지혜
죽음수업

초판 1쇄 인쇄 2014년 7월 7일
초판 1쇄 발행 2014년 7월 10일

지은이 김영로
펴낸이 윤재승

주간 사기순
기획편집 사기순, 허연정
영업관리 이승순, 공진희

펴낸곳 민족사
출판등록 1980년 5월 9일 제1-149호
주소 서울 종로구 삼봉로 81 두산위브파빌리온 1131호
전화 02-732-2403, 2404
팩스 02-739-7565
홈페이지 www.minjoksa.org
페이스북 www.facebook.com/minjoksa
이메일 minjoksabook@naver.com

ISBN 978-89-98742-28-7 03220

「이 도서의 국립중앙도서관 출판예정도서목록(CIP)은 서지정보유통지원시스템 홈페이지(http://seoji.nl.go.kr)와 국가자료공동목록시스템(http://www.nl.go.kr/kolisnet)에서 이용하실 수 있습니다.(CIP제어번호: CIP2014018909)」